포항의 문화유산

01
융합문명연구원 포항학총서

포항의 문화유산

이재원

도서출판 나루

포항학 총서를 발간하며

포스텍 융합문명연구원이 포항학 총서를 발간하게 되었습니다. 대단히 의미 있는 사업의 성과를 이루게 되어 기쁜 마음이 앞섭니다. 융합문명연구원은 현대 문명의 전환기를 맞아 우리 사회의 현재를 진단하고 미래를 모색하는 융합 연구를 위해 설립되어 그 이름에 걸맞은 다양한 사업을 수행해 왔습니다. 포항학 총서의 발간은 연구원이 현실과 보다 밀접하게 관련될 수 있게 하는 사업으로서 매우 의미 있는 일입니다. 연구원이 소속된 우리나라 최초의 이공계 연구중심대학인 포스텍이 그동안 지역사회와 맺어온 관계를 획기적으로 발전시키는 일이라는 점에서도 큰 의미를 지닙니다.

대학과 도시는 긴밀한 관련을 맺고 있습니다. 세계 유수의 적지 않은 대학들이 대학의 설립과 더불어 형성된 도시와 함께 성장해 왔습니다. 지금도 도시의 랜드마크처럼 시민들의 사랑과 자부심의 대상이 되는 세계적으로 유명한 대학들이 적지 않습니다. 영국의 케임브리지와 옥스퍼드, 미국의 프린스턴과 버클리, 하버드, MIT, 독일의 하이델베르크와 프라이부르크 대학 등이 좋은 예입니다. 이러한 대학들은 도시와 일종의 공동운명체적인 관계를 맺으며 발전하고 있습니다. 포항학 총서의 발간을 계기로 포스텍과 포항시도 이와 같이 상생 발전하는 관계를 한층 더 강화할 수 있기를 희망합니다.

이러한 희망을 성취하기 위해 포스텍 융합문명연구원의 포항학 총서는 열린 자세를 견지합니다. 무엇보다 먼저, 지역학이라는 분과 학문의 틀에 갇히지 않고자 합니다. 필진을 구성하는 데 있어 전문 학자에 국한하지 않을 것입니다. 포항을 사랑하는 시민들이 자발적으로 수행해 온 지역학적인 노력들 또한 폭넓게 끌어안고자 합니다. 둘째로 주제의 선정에 있어 유연한 태도를 갖추고자 합니다. 포항 시민과 우리나라 국민에게 유용한 지식과 정보를 확충하는 것이라면 학문적인 관심사와는 다소 거리가 있더라도 적극적으로 다룰 것입니다. 셋째로 지역의 경계에 얽매이지 않으려 합니다. 포항이 고립된 도시가 아님은 물론이요 포항의 발전에 국내외 각 지역과의 교류가 긴요한 만큼, 포항시 안팎에 걸치는 다양한 필자의 다채로운 시각을 전할 수 있도록 노력할 것입니다.

포항의 과거와 현재를 성찰하고 이를 바탕으로 바람직한 미래를 꿈꾸는 데 있어서 포스텍 융합문명연구원의 포항학 총서가 의미 있게 기여할 수 있도록 노력하겠습니다. 시민들의 삶과 밀접하게 연관되는 생생하게 살아 있는 연구, 사회와 학문의 전당이 함께 어우러지는 현실적이고 구체적인 연구로 포항학 총서를 채움으로써, 포항의 시민은 물론이요 포항에 관심을 갖는 모든 사람들이 즐겨 읽고 서로 대화할 수 있는 장을 열고자 합니다. 독자 여러분들의 성원을 믿고 기대하며 이 자리를 빌려 감사의 뜻을 표합니다.

2022년 2월 포스텍 융합문명연구원

원장 박상준

"포항을 아시나요"

'포항', 언제부터, 무슨 뜻으로 쓰였을까?

한자어를 먼저 살펴보자. 포항의 '포'는 '개 포(浦)'자로 '강이나 내에 조수가 드나드는 곳'이라는 뜻이다. 감포, 목포, 제물포 등에 쓰인 것처럼 물가, 바닷가라는 의미이다. '항'자가 중요하다. 많은 사람들은 그저 '항구 항(港)'자를 쓰려니 생각한다. 하지만 포항의 '항'자는 '목 항(項)'자를 쓴다. '목덜미'라는 뜻이다. 그래서 '포항'이라는 말은 '갯목', 여기 말로 '갯미기'라는 뜻이 된다. 지형을 묘사한 명칭이다 보니까 전국 유일한 지명은 아니다. 함경북도 청진에도 포항이 있다고 한다. 이 역시 동해안 바닷가 지역이고 같은 한자어를 쓴다. 차이점이라면 함경북도의 포항은 작은 구역 이름에 불과하지만 우리가 사는 포항은 경상북도 최대 도시라는 점이다. 하지만 경상북도 포항도 처음부터 큰 도시 이름은 아니었다.

'포항'이라는 지명이 처음으로 문헌에 나타나는 시기는 1731년(영조 7)이다. 『조선왕조실록』에 보면

"영조 신해년 고을 북쪽 20리에 관찰사 조현명이 포항 창진(倉鎭)을 개설하고 별장(別將)을 설치했다"

라는 말이 나온다.

'포항 창진'이라고 했는데, 여기서 '창진'은 무슨 뜻인가. 산이 많은 함경도에 흉년이 들었을 때 함경도 지방의 백성 구제를 위해 곡식 보관장소의 기능을 한 창고를 포항에 설치하였다. 옛날에는 바다가 고속도로였다. 경상도 동해안에서 함경도 동해안으로 다량의 곡식을 나를 수 있는 수단은 배였고 포항은 그 중심에 있었다. 곡식을 보관하는 창고니까 그것을 또 지키는 군사들도 있어야 했다. '창진'은 곡식 창고와 군대가 주둔한 곳을 의미한다. 그렇게 설치한 '포항 창진'은 53년 정도 유지되다가 1784년에 경비 문제 등으로 없어졌다. 이후 1867년에 병인양요가 일어나고 이양선의 출몰이 잦아지자 1870년에 '포항진'을 다시 세우게 된다. 1872년에 제작된 「포항진지도」에 '포항'이라는 지명이 사용되었음을 알 수 있다.

당시 포항이라는 지명은 작은 동네 정도의 의미로 사용되었을 뿐 고려시대부터 조선시대 내내 우리 지역은 흥해군, 청하현, 영일현, 장기현 이렇게 네 개의 군·현으로 이루어져 있었다. 지

금도 흥해향교, 청하향교, 연일향교, 장기향교가 있어서 지명의 유래를 엿볼 수 있다. 향교는 조선시대 지방에 설치한 관학교육 기관이다. 요즘 말로 하면 지방 공립학교인 셈이다. 향교가 없는 지역도 있는데 포항에는 향교가 네 개나 있다는 것도 큰 자랑거리이다.

포항이라는 지명의 등장은 일제강점기 때 본격화된다. 그전까지 연일군에 속한 조그마한 포항리였을 뿐인데 1914년, 흥해군, 연일군, 장기군, 청하군 이렇게 네 군이 영일군으로 통합되면서 영일군 포항면이 새로이 생겼다. 그러다가 1917년에는 포항지정면으로 승격되었다. 당시 경상북도에서는 김천과 포항만이 지정면이 되었을 만큼 포항은 꾸준한 발전을 이루었다. 결국 지정면은 일본인이 다수 거주하는 지역에 총독부 특별 예산으로 운영하는 모범지역이라는 말이다. 지정면이 됨에 따라 특혜를 받아서 일제의 상공업과 수산업이 발달하고 발전하게 된다. 여기서 놓치지 말아야 할 것은 일본인들이 많이 거주하면서 그들이 소위 모범 도시라고 부르는 곳에서 3·1운동이 일어났다는 점이다. 경상북도에서 제일 먼저 3·1운동이 일어난 곳이 바로 포항이다. 포항은 임진왜란 때의 의병, 구한말 의병, 6·25 때 가장 많은 학도병이 참전하는 등 나라를 생각하는 기질이 내려오는 듯하다. 현재는 해병대의 도시이기도 하다. 포항은 변방이 아니라 국토방위에 있어서는 최전방으로서의 역할을 해온 호국도시라고 할 수 있다.

포항지정면은 1931년 포항읍으로 승격되고 1935년 기준 가구 수 3,022호, 인구 12,685명이 되었다. 포항읍으로 광복을 맞이하고 1949년 8월 15일 포항시로 승격되었으며 1995년 영일군과 합쳐질 때 포항시로 시군 통합이 되었다. 이때부터 영일군이라는 지명은 사라졌다. 포항시의 구(區) 이름으로 북구, 남구가 아니라 북구를 흥해구, 남구를 영일구라고 했다면 지역의 정체성이 훨씬 더 분명했을 텐데 하는 아쉬움이 있다. '해를 맞이한다'는 영일(迎日)이라는 이름은 우리 지역의 오랜 정체성과 관련이 있기 때문이다. 대한민국 동쪽 땅끝이 영일 즉, 오늘날 포항이라는 것을 생각하는 사람은 그리 많지 않다. 동쪽 땅끝은 동해를 가장 먼저 만난다는 의미이기도 하다. 해양 지향적이고 진취적이고 개방적인 이미지는 포항이 지형학적으로 이미 가진 특색이며 오늘날에도 살려야 할 장점이다.

'포항'하면 포항제철(현 포스코)을 가장 먼저 떠올린다. 우리나라 산업화를 이끈 제철공장이 포항에 들어서게 된 이유도 영일만 바다가 있는 지정학적 이유에서다. 해병대가 있는 것도 크게 고려되었다. 포항제철도 창립 55주년을 맞는다. 동해 바다와 더불어 해병대, 포항제철 또한 포항의 살아 있는 문화 유산이다. 이들 덕분에 '포항'하면 강한 이미지가 먼저 떠오른다. 하지만 포항은 포항제철 건립 훨씬 이전, 선사시대부터 사람들이 살았던 역사를 갖고 있다. 포항과 뗄 수 없는 바다는 포항 산야를 적시며 흘러 내려온 강물을 다 받아들인다. 강 굽이굽이마다, 산 골짝골짝마다 저마다의 이야기가 스며 있는 곳이 포항이다. 그런 이야기들을 하나하나 담아내는 것이 이 책의 이유이다.

포항지역학연구회를 만들어 포항의 역사와 문화, 자연환경 등에 대해 함께 공부해온 지 여러 해가 지났다. 민간 차원에서 시작한 이러한 움직임에 포항시가 관심을 가져 주고 대학이 호응을 해 준 것이 가장 큰 보람이다. 포항시에는 포항학팀이 만들어지고 포스텍에는 포항학연구센터가 만들어졌다. 포스텍 융합문명연구원에 포항학위원회가 생긴 것도 '대학이 소재한 지역사회의 발전을 위한 역할 모색'[1]이라는 측면에서 큰 박수를 보낸다. 그 첫선으로 융합문명연구원 포항학총서 시리즈 12권이 발행된다. 포항학위원회[2] 위원장으로 또 총서의 필진으로 참여할 수 있게 된 것은 무한한 영광이며 막중한 책임감을 느낀다.

---

1   이재원, 「포스텍 문명시민강좌가 반가운 이유」, 『경북일보』, 2019. 3. 8.
2   포항학위원회는 현재 환동해위원회로 개명, 확대되었다.

이 책은 2019년 TBN경북교통방송에서 진행한 '포항 읽어주는 남자'와 포항mbc '전국시대'에서 소개한 내용을 위주로 하고 있다. 짧은 방송에서 소개 못 한 이야기들과 이후 새로이 발견된 자료들을 추가 보완하였다. 이때 본문에서 인용한 모든 분들의 선행 연구에 힘입은 바 크며 그분들께 감사의 말씀을 올린다. 그리고 융합문명연구원의 송호근 초대 원장님, 박상준 원장님, 노승욱 교수님이 아니셨다면 이 책은 기획되지 못했다. 이분들은 공적 삶을 위한 시민성 교육과 훈련이 인문 교양을 담당하는 대학의 사회적 봉사이자 책임임을 일깨워 주셨다. '포항시민과 소통하고 대도시 포항과 상생하는 대학으로 거듭나고자'하는 포스텍도 이미 포항의 명품 문화유산이다.

책을 편집하는 동안 만화 「제철동 사람들」의 이종철 작가를 알게 된 건 행운이다. 고향에 대한 애정이 짙은 그의 그림 덕분에 책이 더 빛나게 되었다. 감사드린다.

이재원

목차

대한민국
동쪽 땅끝,

호미
반도

대륙에서 바다 쪽으로 돌출한 육지를 반도(半島)라고 한다. 반도의 한자 의미를 그대로 풀어보면 반은 섬이라는 뜻이다. 하지만 섬과는 확연히 다르다. 섬이 고립이라면 반도는 소통이다. 대륙과 해양을 연결시키는 의미에서다. 반도가 고립의 길을 고집하면 망했다. 조선시대 울릉도를 아예 비우는 공도정책을 편 적이 있었던가 하면, 조선말기 나라의 문을 굳게 걸어 잠그는 쇄국정책이 그랬다. 반도가 소통의 길을 자처했을 때는 흥했다. 신라의 문무대왕이 그랬고 장보고가 그랬다.

　　한반도는 삼면이 바다로 둘러쌓여 있다. 각각 동해, 서해, 남해로 불린다. 한반도의 동쪽 해안선은 서쪽, 남쪽에 비해 밋밋하리만큼 단조롭다. 시원한 맛이 장점이기도 한 동쪽 해안선은 포항 앞바다에 이르러 커다란 만을 이룬다. 바다가 고향인 친구가 사는 영일만이다. 그리고 돌출한 반도를 만드니, 바로 호미반도[1]이다.

　　호미반도는 동해바다와 우리 한반도를 이어주는 첫 지점이다.

1　구룡반도라고도 한다.

호미곶

상생의 손 | 호미곶등대 | 카이요마루조난기념비 | 청포도시비 | 국가지질공원

새천년의 해맞이 명소. 상생의 손

호미반도는 지금의 행정구역으로는 호미곶면, 장기면, 구룡포읍, 동해면 일대를 일컫는다. 호미곶면은 대보면으로 불렸었다. '대보(大甫)'라는 지명은 1914년 일제에 의해 행정구역 폐합 시 대천(한내)과 보천(벌내)이라는 지명의 첫 글자만 따서 '대보'라고 하였으니 원래 지명이 갖고 있던 역사성이나 의미는 없어졌다. 호미곶은 '장기곶(長鬐串)'이라고 불렀다. '장기'는 긴 말갈기를 뜻하는데, 해안선이 말갈기처럼 길게 돌출하였다고 붙여진 이름이다. 말의 갈기에서 호랑이 꼬리로 이름이 바뀐 것이다. 곶(串)은 바다로 돌출된 육지의 끝부분을 가리키는 말로 반도보다 작은 개념으로 사용되며 '갑(岬)'이라고도 하지만 표준어는 곶이다. 한때 장기갑이라고도 불렸던 이유이다.

오늘날 해맞이의 명소는 단연 호미곶이다. 2000년 1월 1일. 새로운 천년의 첫 해를 맞이하기 위해 국가행사로 기획된 한민족 해맞이축전행사가 호미곶광장에서 개최되었다. 당시 행사를 기

념하기 위해 설치한 조형물이 '상생의 손'이라는 작품이다. 지난 천년을 양극화·갈등의 의미로 한 손의 시대라고 한다면, 새로 맞이할 천년은 함께 사는 상생의 의미로 두 손의 시대라고 작품에 담긴 의미에서 밝히고 있다. 작품은 두 손을 형상화하고 있는데, 왼손은 육지 광장에 세워져 있고 오른손은 육지보다 낮은 동해바다 해수면에 설치되어 있다. 균형을 맞추기 위해 낮은 해수면에 설치된 오른손의 높이가 8.5m로 왼손보다 3m 높게 만들어졌다. 하지만 작품 의도와 상관없이 대개 바다에 설치된 한쪽 손만 보고 가는 경우가 많다. 아무래도 바다 가운데에 조형물이 있다 보니 더 눈이 많이 가는 이유일 것이다. 바다 가운데에 설치된 조형물이 포항시민들에겐 '상생의 손'이 처음은 아니다. 어쩌면 더 오랫동안 포항 시민들 마음에 남아 있는 작품(?)은 송도해수욕장 앞 영일만 한 가운데에 설치된 '다이빙대'가 아닐까 한다. 사실 교통이 지금처럼 발달하지 않았던 시절에는 해돋이를 보러 호미곶까지 간다는 건 일반적인 생각은 아니었다. 그래서 가장 많이 갔던 곳이 도심과 가까운 송도해수욕장. 고요한 새벽 바다에 여명을

◀ 상생의 손(오른손, 가로8×세로4×높이8.5m, 1999년 12월 10일 설치).
새 천년을 맞아 2000년 1월 1일 한민족해맞이축전행사를 범 국가행사로 개최함으로써 첫 일출의 빛을 받아 영원히 꺼지지 않는 불빛으로 존치시키기 위해 제작하였다고 한다.
(사진. 안성용)

배경으로 바다 한가운데에 서있는 다이빙대는 그 하나로도 작품
이었다. 뿐만아니라 지금은 포항 사람들에겐 다 저마다의 추억으
로 자리 잡고 있으니 요즘처럼 굳이 소란스럽게 이야기하지 않아
도 당시 포항의 랜드마크였다고 해도 과언이 아니다. 텔레비전이
절대적인 영향력을 미치던 시절, 당시 송도해수욕장 다이빙대는
방송 시작과 끝을 알릴 때 나오던 애국가의 배경으로도 사용되어
타지에서도 자부심을 느꼈던 순박한 기억이 있다.

영일만 일출과 송도해수욕장 다이빙대. 바다 가운데에 설치된 조형물이 포항시민들에겐
'상생의 손'이 처음은 아니다. 어쩌면 더 오랫동안 포항 시민들 마음에 남아 있는 작품(?)은
송도해수욕장 앞 영일만 한가운데에 설치된 '다이빙대'가 아닐까 한다.

대한제국의 유물, 호미곶등대

지금도 호미곶을 찾는 많은 사람들은 '상생의 손'을 배경으로 사진도 찍고 대표적인 상징물로 여긴다. 하지만 호미곶의 터줏대감은 상생의 손보다 100여 년 먼저 호미곶을 밝혀온 호미곶등대이다.

등대는 밤바다에 불을 밝히는 기능만 생각하기 쉬우나 낮의 등대 모습은 바다와 하늘빛과의 어울림으로 어느 건축물보다 평화로움과 아름다움을 준다고 믿는다. 어차피 등대 불빛 또한 누군가에겐 구원이 아닌가.

호미곶등대는 하늘이 푸를 때 봐야 제격이다. 26.4m의 순백의 등대는 푸른빛 하늘과 대비되어 이국적인 풍경이다. 대부분 등대는 원통형으로 기억되는데 이곳 호미곶등대는 팔각형이다. 그것도 팔각기둥이 아니라 상부로 올라가면서 점차 좁아져서 날렵함을 더하며 6층 높이를 철근 없이 벽돌로만 지어졌다는 점이 놀랍다. 등대의 맨 상부는 돔형의 지붕 형태로 마감하였고 등대의 출입문과 창문은 박공 양식으로 되어있다. 박공 양식이란 여덟 팔(八)자처럼 지붕이 맞대어져 있는 양식으로, 고대 그리스 신전 건축에서 사용되었다. 우리나라에서는 1910년에 완공된 덕수궁 석조전에 박공 양식이 관찰되는데 호미곶등대는 1908년

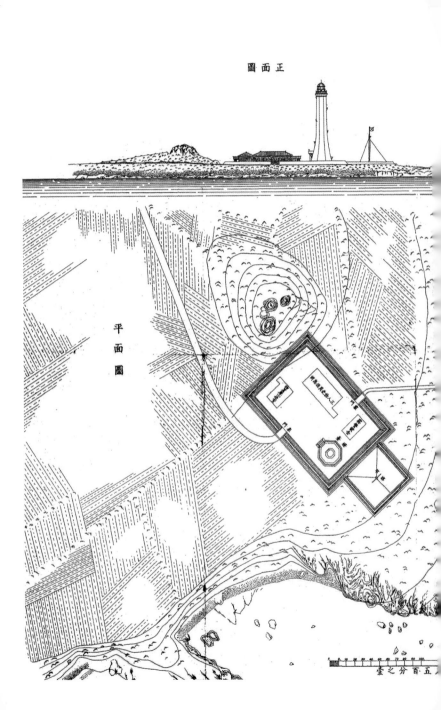

正面圖

平面圖

五百分之壹

圖之臺燈串外冬

1909년 한국세관공사등대국에서 제작한
〈동외곶등대지도〉,《한국세관공사부등대부
연보 제3년보》, 국립중앙도서관

호미곶등대의 건립당시 명칭은
동외곶등대였다가
1928년 12월 27일 장기갑등대로 바뀌었다.

에 건립되었다. 호미곶등대를 찾으면 꼭 내부를 들려 볼 일이다. 등대를 올라가는 계단에서 위를 쳐다보면 천정에 꽃 모양이 양각되어 있다. 오얏꽃이며 덕수궁 석조전에서도 확인되는 그 꽃이다. 바로 대한제국 황실 문양인 이화문(李花文)이다. 포항에 있는 유일한 대한제국 유물인 셈이다.

100년도 더 넘은 등대에 이야기 하나쯤 없을 리 있을까.

등대가 완성되고 초대 등대장으로 부임한 사람은 일본 사람 난바[灘波]였다. 그는 일본에서 살인범으로 기소되었으나 호미곶 등대장으로 보내졌다. 하지만 피해자의 아들이 아버지 원수를 갚고자 이곳 호미곶까지 찾아왔다. 한밤중에 등대에 침입하여 칼을 휘둘러 난바를 살해하였다. 일본 사람들끼리 일으킨 끔찍한 사건일 뿐이지만, 당시 등대 공사를 지켜본 이곳 주민들은 호랑이 꼬리 부분에 불을 켜서 호랑이가 뜨거워 꼬리를 흔들어 일본 사람들이 천벌을 받았다고 생각하였다고 한다.

호미곶등대는 1982년 경상북도 기념물 제39호로 지정된 바 있었으나 세간에 큰 관심을 못 받은 게 사실이다. 그러다가 2022년 국제항로표지협회(IALA)에서 '올해의 세계등대유산'으

◀ 호미곶등대(1908년 제작). 철근없이 벽돌로만 팔각형으로 쌓아 올렸으며 등대의 출입문과 창문은 고대 그리스 신전 건축의 박공양식으로 장식되어있다.

로 선정됐다. 세계등대유산은 IALA에서 2018년 인천대회에서 매년 7월 1일 올해의 등대를 선정하기로 결의한 후, 2019년 프랑스 '코르두앙등대', 2020년 브라질 '산토 안토니오 다 바라등대', 2021년 호주 '케이프 바이런등대'에 이어 네 번째로 호미곶등대를 선정하였다. 호미곶등대가 가진 등대의 기능은 물론 역사성과 건축학적 아름다움을 높이 평가하였음은 물론이다. 아시아 최초 선정이라는 수식어구보다 호미곶등대의 진정한 가치를 인정받게 된 것 같아 기쁘다.

포항 유일의 국립박물관인 국립등대박물관이 2022년 재개장하였다. 지난 1985년, 항로표지시설과 장비들을 보존·연구하기 위한 목적으로 호미곶등대 옆에 개관한 장기갑 등대박물관이 그 시초이다. 이후 2002년 국립등대박물관으로 명칭을 변경하였고 최근 증축공사를 마친 후 재개장하였다.

카이요마루조난기념비

아름다운 호미곶등대가 건립된 배경에는 아픈 역사적 사실이 존재한다.

호미곶 일대 해안은 물길이 험하기로도 유명했다. 지금도 가보면 확인할 수 있듯이 바다에는 암초가 많이 있다. 분명 얼핏 보면 바다 수면이지만 해안선 먼 곳에 사람들이 무릎을 걷고 서 있을 만큼 해수면 바로 아래는 암초인 경우도 있다. 때로 이런 암석들이 수면 밖으로도 솟아 올라 기암괴석을 만들곤 하는 곳이 호미곶이다.

1908년 등대가 건립되기 1년 전 일이다. 일본동경수산강습소 실습선이 호미곶 앞바다에서 조난당하는 사건이 발생했다. 일본을 출항한 쾌응환호(快應丸號)는 고등어 어업조사를 위해 영일만에 정박하고 있었다. 1907년 9월 9일 태풍이 격심해져 범선인 쾌응환호는 좌초되었고 이 사고로 교사 1명과 학생 3명이 사망하였다. 일본은 등대 건립을 요구해왔다. 국적을 떠나 사고는 안타까운 일이지만 남의 바다를 자기들 마음대로 침범해와서는 사고를 당하자 우리에게 등대 건립을 요구해왔다. 하지만 당시 힘이 약했던 우리는 어쩔 수 없이 우리 예산으로 등대를 지을 수밖에 없었다. 인부들도 힘없는 우리의 백성들이었다.

수산강습소 실습선 쾌응환조난기념비.

조난된 지 20여년이 지난 1926년, 조난 당시 같은 배에 승선하였다가 살아 남은 동료들이 돌로 만들어진 기념비를 세웠다. '수산강습소실습선쾌응환조난기념비'

기존에 있던 나무로 만든 기념비가 낡고 썩게 되자 석조기념비로 설립하였다. 하지만 광복 후 비석은 훼손되어 숲속에 방치되었다가 1971년 구만리 491의 2번지에 새로 옮겨 세워져 오늘에 이르고 있다.

청포도시비

포항에서 재배되는 과일로는 어떤 것들이 있을까? '엥? 포항에서 과일이 재배된다고?' 흔히 포항하면, 바닷가와 포항제철 이미지가 강해서 과일을 떠올리긴 쉽지 않다. 하지만 포항도 농작물이 많이 나온다. 채소 중 부추는 남구 동해면 도구리 등지에서 재배되고 있는데 우리나라 부추 생산량의 많은 부분이 포항에서 생산되고 있을 정도이다. 시금치는 단연 포항 시금치를 최고로 친다. 일반 개량종 시금치에 비해 키가 작지만 향과 맛은 훨씬 뛰어나다. 포항의 바닷바람이 적당한 염분을 제공해 맛을 더 좋게 해주고, 뿌리 부분에 흙이 쌓이도록 모래땅을 덮어줘 뿌리가 길고 강하면서 빛깔도 붉은색을 띠는 것이 특징이라고 한다. 바닷바람의 영향으로 길게 자라지 못하고 뿌리를 중심으로 옆으로 퍼지며 자라기 때문에 뿌리부터 줄기와 잎까지 영양분이 고르게 퍼져서 일반 시금치에 비해 당도가 높을 뿐 아니라 저장 기간도 긴 점이 장점이다. 이미 1950년대에 수도권 지역으로 대량 출하되면서 포항초라 불리며 그 명성이 전국으로 널리 퍼지게 되었다. 과일은 죽장면과 기계면 등지에서 나오는 사과, 흥해읍에서 재배되는 딸기 등이 있겠다.

1930년대 포항은 사정이 달랐다. 호미반도 일대인 동해면과 오천읍에 1917년부터 포도나무를 재배하기 시작했다. 포도주 양조를 목적으로 설립한 미쓰와[三輪]포항포도원은 재배면적이 60만 평에 이르렀고 포항에서 수확한 포도로 만든 포도주는 프랑스의 최상품에 뒤지지 않을 정도였다고 한다.[2]

민족시인 이육사 시인이 이곳 포항포도원에 요양차 들렸다. 이육사와 교류했던 포항의 문화운동가 김대정(80년대 작고)은 "결핵 요양차 포항의 송도원에 머물던 이육사 선생이 찾아와 직접 동해면 도구리의 미쓰와포항포도원에 안내한 적이 있다."고 말했다. 또 "육사는 이후 나에게 포항포도원에서 청포도의 시상

2 〈오사카아사히신문〉, 1931. 6. 25

청포도시비. 이육사 시인은 요양차 포항포도원에 들렀고 이곳에서 청포도 시상을 얻었다고 알려져 있다. 1999년 12월 호미곶 바닷가에 청포도시비가 건립되었다.

을 얻었다고 말한 적이 있으며, 시 초안을 잡은 것을 보여 줬다."고 덧붙였다 한다. 수필 〈보리〉의 작가로 육사와 교류했던 한흑구(1979년 작고) 선생도 1973년 〈시문학〉지에 이육사의 청포도에 관한 문학적 배경이 영일만이라고 설명하는 짧은 수필을 발표했었다.[3] 이육사문학관에서 확인할 수 있는 연보에도, 이육사는 1936년 7월, 포항 소재의 〈동해송도원〉에서 휴양했다고 기록되어 있다. 종합해보면 당시 대규모의 포도농장이 있던 호미반도의 동해면에 이육사 시인이 들렀고, '하늘 밑 푸른 바다' 영

---

3   『2021포항학아카데미』, 이재원 엮음, 도서출판 나루, 227-8쪽

일만이 바라다보이는 곳이었다. 어쩌면 이곳에서 '흰 돛단 배'를 보았을지 모를 일이다.

> 내 고장 칠월은 / 청포도가 익어가는 시절 // 이 마을 전설이 주저리 주저리 열리고 / 먼데 하늘이 꿈꾸며 알알이 들어와 박혀 // 하늘 밑 푸른 바다가 가슴을 열고 / 흰 돛단 배가 곱게 밀려서 오면 // 내가 바라는 손님은 고달픈 몸으로 / 청포를 입고 찾아 온다고 했으니 // 내 그를 맞아 이 포도를 따 먹으면 / 두 손은 함뿍 적셔도 좋으련 // 아이야 우리 식탁엔 은 쟁반에 / 하이얀 모시 수건을 마련해 두렴
>
> — 이육사, 〈청포도〉 전문(全文)

1999년 12월, 등대에서 가까운 호미곶 바닷가에 청포도시비가 건립되었다. 지금은 동해면사무소 앞마당에도 시비가 건립되어있다. 해마다 칠월이면 영일만의 푸른 바다빛과 함께 포항의 7월의 시, 〈청포도〉가 떠오른다.

국가지질공원

호미반도는 역사적인 문화유산 외에도 지형학적으로도 매력이 있는 곳이다. 호미반도를 둘러가는 929번 도로를 달리다 보면 호미곶에 이르러 지형이 넓은 계단식으로 되어 있는 것을 관찰할 수 있다. 마치 바다에서 뭍으로 오르기 위해 계단이 놓여진 듯한 지형이다. 오랜 세월 바닷물의 침식, 땅의 융기에 의해 지반의 높낮이가 층층이 달라진 것을 말하며 이를 해안단구라고 한다. 해안단구는 주로 동해안 남부에서 관찰되는데 특히 호미곶 일대의 해안단구는 다른 곳보다 평평한 지대(단구면)가 잘 구분되어 있어 우리나라의 대표 해안단구로 손꼽힌다고 한다.

우리나라는 국가지질공원이라는 걸 두고 있다. 경관이 우수할 뿐만 아니라 지구과학적으로 중요한 지역을 보전하고 교육·관광 사업 등에 활용하기 위해 환경부장관이 인증하는 제도이다. 국립공원이 자연생태계를 보전하는 것이 목적이라면 국가지질공원은 지질다양성을 보전하는 것이 목적이다. 2012년 제주도와 울릉도·독도가 국가지질공원에 인증된 이후 현재까지 13개소가 지정되어 있다. 호미곶 해안단구는 '경북동해안 국가지질공원'에 포함되어 2017년도에 지정되었다. 경북동해안 국가지질공원은 경주, 포항, 영덕, 울진의 지질명소가 다수 포함되었는데, 포항은

1960년대 호미곶등대. 등대박물관과 해맞이광장 건립 이전의 자연 상태 그대로의 호미곶
모습을 알 수 있으며 해안단구가 관찰된다.

구룡소 돌개구멍. 여러개의 마린포트홀이 무리를 이루고 있으며 경북동해안
국가지질공원으로 지정되었다.(사진. 민석규)

호미곶 해안단구 외에도 달전리 주상절리, 두호동 화석단지, 내연산 12폭포, 구룡소 돌개구멍이 포함되었다. 포항시 남구 호미곶면 대동배리에 있는 구룡소 돌개구멍은 호미반도 해안둘레길 3코스에서 만날 수 있는 명소이다.

구룡소(九龍沼)라는 이름은 아홉 마리의 용이 살다가 승천하였다고 붙여진 이름이다. 용이 살았다는 이야기는 마치 연못처럼 물웅덩이가 바닷가 해안 지형 바위 암석에 생긴 지형을 보고 지어진 이야기일 것이다. 파도를 따라 자갈이 움직이면서 집괴암을 깎아서 접시 모양을 만들고 바닷물이 채워지면서 연못처럼 물웅덩이가 생긴다. 이를 지질학 용어로는 해안형 돌개구멍(marine pot hole)이라고 한다. 돌개구멍은 바다와 연결된 뚫린 형태로도 있어 파도가 칠 때는 바닷물이 돌개구멍을 통해 땅 위로 뿜어지는 것이 마치 용이 승천하는 모습을 떠올렸을 것이다. 지형이 이야기를 만들어내는 보고(寶庫)가 되는 예이다. 구룡소에는 그 외에도 파식대와 타포니를 볼 수 있다. 파식대는 파도에 의해 육지가 깎여 평평하게 만들어진 침식면이며, 타포니는 집괴암에 박혀있던 돌조각들이 빠져나가고 남은 구멍에 소금알갱이가 들어와서 주변 암석을 깎아 더 큰 구멍을 만들어 벌집처럼 보이는 지형을 말한다. 구룡소는 용의 전설과 함께 지질학의 교과서로 불려도 손색이 없을 정도이다.

장기

장기읍성 | 소봉대 | 우암·다산의 나무 | 고석사

장기읍성에서 해를 바라보다

'동쪽 처음 땅' 호미반도는 당연히 해를 가장 먼저 바라보는 곳이 된다. 지금은 포항시 남구에 속하지만 1995년 행정구역 통합 전에는 영일군이었다. '영일(迎日)'. 해를 맞이한다는 의미다. 포항시와 영일군이라 불리기 이전, 그러니까 조선시대에 지명은 장기현이었다. 장기의 신라시대 명칭은 지답(只畓)으로, 여기서 '지(只)'는 이두로 '성(城)'을 뜻하고 '답(畓)'은 '물이 끓어 넘친다' 라는 뜻이다. '답(畓)'자를 풀어 보면 물 수(水)와 해 일(日)이 있으니 해가 바다에서 뜨는 모습을 형상화했다고 볼 수 있다. 즉 해 뜨기 전에 바닷물이 붉게 타오르는 것을 바닷물이 끓어오른다라고 하여 지답이라 이름을 붙였다. 이렇게 해와 관련된 지명은 신라시대부터였다.

예부터 바다와 육지를 연결하는 교통의 요충지 역할을 해 온 장기는 신라 때부터 중요한 군사기지로 자리했다. 이곳에 국가 사적 제386호로 지정된 '장기읍성'이 있다. 장기의 진산(鎭山)이

장기읍성. 고려 현종 2년(1011)에 여진족의 해안 침입에 대비해 지어진 토성이었다가 조선 세종 21년(1439)에 왜구를 경계하고자 석성으로 다시 쌓았다.

다른 읍성과 달리 산 위에 축조되어 동해바다가 한눈에 들어오는 풍광이 뛰어나서 태양을 맞이하는 장소로 사용되었다. (국가 사적 제386호)

라고 하는 해발 252m인 동악산에 이어져 있는 장기읍성은 고려 현종 2년(1011)에 여진족의 해안 침입에 대비해 지어진 토성이었다가, 조선 세종 21년(1439)에 왜구를 경계하고자 석성으로 다시 쌓았다고 한다. 둘레 1,440m의 타원형으로 우리나라에서는 유일하게 성문이 세 개인데 동, 서, 북 3개의 성문과 문을 보호하기 위해 쌓은 옹성이 있다. 다른 읍성과 달리 산 위에 축조되다 보니 동해바다가 한눈에 들어오는 풍광이 뛰어나다. 특히 동문은 동해바다에서 떠오르는 태양을 맞이하기에는 그만인 장소였다 한다. 동문에는 조해루(朝海樓)라는 누각이 있었다. 누각은 아쉽게도 소실되었지만 조해루의 일부라 추정되는 바윗돌이 발견되었는데 돌에는 '배일대(拜日臺)'라고 새겨져 있다. 태양을 숭배한다는 뜻이 되겠다. 예전부터 장기에서는 정월 초하루가 되면 해뜨기 전 장기 현감이 조해루에 올라 임금이 계시는 북쪽 방향으로 4번 절을 하고 천지신명께 임금의 만수무강을 빌고 보국안민을 기원했다. 이곳은 현감과 그 수반관리 외에는 출입을 못하도록 할 만큼 신성시하였다고 한다.

한양에서 멀리 떨어진 장기는 조선시대 유배지이기도 하였다. 많은 사람들이 유배로 장기를 찾았다. 비록 유배의 몸이었으나 장기에서 바라본 일출은 가히 장관이었고 그들의 신세를 더욱 실감나게 하기도 했을 것이다. 장기에 유배를 온 대표적 인물

다산 정약용 또한 장기읍성 동문에서 일출을 보고 시를 남겼다.

東門觀日出	장기 동문에서 해 뜨는 것을 구경하며
天孫織出紅錦帳	직녀성이 붉은 비단 장막을 짜 만들어
掛之碧海靑天上	동해바다 푸른 하늘 위에다가 걸어놨네
赤光照水魚龍盪	물에 비친 붉은 빛에 어룡이 움직이고
萬族齊首盡東嚮	뭇 족속들 일제히 동으로 머리 돌리리
金鉤一閃波細漾	금고리가 번득이며 잔물결이 일더니만
銅鉦畢吐塵無障	태양이 불끈 솟고 먼지 하나 없네 그려
宛轉上天人共仰	하늘 높이 솟는 모습 만인이 우러러보고
碧霞漸散歸峯嶂	노을은 점점점 산을 찾아 흩어져 가네
初如御駕出宮輿衛壯	처음에는 장엄한 어가 호위 같더니만
終如御駕上殿收儀仗	마지막엔 어가 호위 해산한 것과 같아
小臣憶昔心惻愴	그 옛날을 생각하니 소신 마음이 슬퍼지네[4]

옛 선조들은 동해바다의 일출을 보고 시 한수를 남겼고 영일 땅의 해돋이 문화를 그분들의 문학에서 찾아볼 수 있는 것은 소중한 일이다.

---

4   이상준, 『장기고을 장기사람 이야기』, 장기발전연구회, 2006, 344쪽

육당 최남선은 조선에 관한 상식을 널리 알리기 위해 문답형식으로 쓴 책 〈조선상식문답(1946년)〉에서 조선10경으로 '장기일출'을 꼽을 만큼 옛 영일지역 장기의 일출은 유명했다.

최남선 조선10경가 중 '장기일출'

이 어둠 이 추위를 / 더 견디지 못할세라

만물이 고개 들어 / 동해 동해 바라볼 제

백령(百靈)이 불을 물고 / 홍일륜(紅一輪)을 떠받더러

나날이 조선 뜻을 / 새롭힐사 장기 일출

소봉대

장기에서 바라보는 일출만큼 많은 시인묵객들이 아름다움을 시로 남긴 곳이 소봉대이다. 바다와 육지가 만나는 해안선은 자연이 만들어내는 이치라 그 오묘함을 다 표현하기가 어려운데 거기다가 기암괴석과 소나무의 형상이 더해지면 단어의 부족함을 느낄 수 밖에 없다. 소봉대는 해안선에서 바다로 튀어 나온 작은 곶(串)이다. 자연스레 곶의 양쪽으로는 만(灣)이 생긴다. 소

봉대 양쪽으로는 자갈 해변이 펼쳐졌다. 높지 않은 정상은 암석으로만 이루어진 게 아니라 흙이 편평하게 있어 소나무도 제법 여러 그루가 숲을 이루고 예전에 정자도 있었다고 한다. 1935년 일제강점기 당시 포항의 모습을 기술한 책으로 『포항지(浦項誌)』가 있다. 일본인에 의해 쓰여진 이 책의 소봉대 소개 편에는 '고려 시대에 봉수대[烽臺]로 지어진 것으로, 높이 500척, 둘레 300척이었는데 지금은 등대가 설치되어 있다.'[5]고 하나 현재 등대는 확인할 길 없다.

파도가 심한 날에는 육지에서 소봉대에 이르는 좁은 목은 바닷물에 덮여 섬이 되기도 하였다. 원래 소봉대는 섬이었다. 이후 모래와 자갈이 꾸준히 퇴적되면서 바위섬과 육지가 연결되어 지금처럼 되었다. 이를 육계도(陸繫島)라고 하는데, 소봉대가 바로 육계도인 것이다. 조선 중기의 문신 이채(李埰)는 그의 문집 『몽암집』에서 소봉대를 다음과 같이 서술하였다. '해가 저물 무렵에 소봉도(小蓬島)에 도착했다. 섬은 바다의 빼어난 언덕이다. 서쪽에서 온 산줄기 하나가 다시 이어져서 바다에 떨어진 것이다. 석산이 흙을 진 모습은 엎드린 거북 같다. 푸른 소나무가 줄지어 심어졌고, 맑은 모래가 평평하게 깔려있다. 사방이 탁 트인 것이

---

5   김진홍, 『일제의 특별한 식민지 포항』, 글항아리, 2020, 442쪽

소봉대. 원래는 섬이었으나 모래와 자갈이 꾸준히 퇴적되면서 바위섬과 육지가 연결된
육계도(陸繫島)이다. 풍광이 아름다워 많은 시인 묵객들이 시를 남겼다.

만 리를 봐도 막힘이 없었다. 그 언덕은 바다에서 마치 자라 등이 떠내려온 것 같은데, 봉산 경내에 있다. 봉산은 장기의 다른 이름이다. 섬이 소봉이란 이름을 얻게 된 것은 이 때문이다.'[6]

옛 명사들의 찬사를 떠올리며 기대를 갖고 소봉대를 찾으면 실망이다. 최근에는 소봉대 양 옆으로 펼쳐진 자갈 해변에 방파제를 설치하여 소봉대의 자태를 감상하기가 어려워졌다.

소봉대 아래에는 회재 이언적 선생의 〈소봉대〉 시가 무심히 적혀있을 뿐이다.

地角東窮碧海頭 (지각동궁벽해두),　대지 뻗어나 동해에 닿았는데
乾坤何處有三丘 (건곤하처유삼구).　천지 어디에 삼신산이 있느뇨.
塵寰卑隘吾無意 (진환비애오무의),　비속한 티끌세상 벗어나고자
欲駕秋風泛魯桴 (욕가추풍범로부).　추풍에 배 띄워 선계를 찾고 싶네.

우암과 다산의 사연을 간직한 나무

장기는 한양에서 먼 바닷가라는 지형적 특징으로 조선시대 유

<hr>

<small>6　권용호, 『포항한시』, 도서출판 나루, 2021, 758-9쪽</small>

배지로 활용되었다. 장기 출신의 향토사학자 이상준에 따르면 조선조 500년 동안 220여 명의 유배객이 장기를 다녀갔다.[7] 우암 송시열과 다산 정약용 같은 당대 석학들도 유배객 신세로 장기를 찾았다. 이들의 발자취 또한 장기 지역의 문화유산이라 할 수 있다.

우암이 유배를 떠나게 된 것은 1674년에 있었던 제2차 예송 논쟁이 원인이었다. '며느리인 왕비(효종의 비)가 죽었을 때, 살아있는 시어머니(조대비)가 상복을 얼마 동안 입어야 맞는가?'가 논쟁거리가 된 사건이다. 역사적 사실을 잠시 살펴보자. 효종의 아버지인 인조는 조대비(장렬왕후 조씨)를 계비로 맞아들였다. 이때 인조의 나이는 마흔넷이었고, 조대비는 아들인 효종(봉림대군)보다도 다섯 살이나 아래인 열다섯이었다. 그러다보니 효종과 효종의 비(인선왕후) 두 사람이 다 죽을 때까지도 시어머니인 조대비가 살아 있는 특이한 경우가 발생한 것이다. 그리고 효종은 인조의 둘째 아들이었다. 주자가례에는 첫째 며느리의 경우는 1년, 둘째 며느리에게는 9개월간 상복을 입도록 되어 있었다. 서인은 인선왕후가 둘째 며느리이므로 9개월 동안 상복을 입어야

---

7   이상준, 『장기 고을에 가면 조선왕조 500년이 있다』, 경북매일신문, 2020, 18쪽

한다고 주장했다. 반면 남인은 효종이 임금이 되었으므로 인선왕후도 당연히 장자의 며느리에 해당하는 예를 갖추어 1년 동안 상복을 입어야 한다고 주장했다. 상주인 현종은 남인의 손을 들어주었다. 논쟁에서 승리한 남인(윤휴·허목)들은 권력을 잡았고, 권력에서 밀려난 서인의 대표 송시열은 파직, 삭출되었다.

우암은 그의 나이 69세인 1675년(숙종 원년) 정월, 함경도 덕원으로 유배되었다가 그해 6월 10일 장기로 유배지를 옮기게 되었다. 그로부터 4년 후인 1679년 4월 10일 다시 거제도로 옮길 때까지 장기에 머물렀다. 그는 마산(오늘날 마현)에 거주하는 사인(士人) 오도전(吳道全)의 집에 거처를 정했다. 우암의 거택에는 가시나무가 둘러쳐져 있었는데, 이른바 위리안치(圍籬安置)였다. 우암은 유배 생활 중에 수많은 시를 남겼으며 특히 장기에서 〈주자대전차의(朱子大全箚疑)〉, 〈이정서분류(二程書分類)〉라는 명저를 남기기도 했다.

우암의 거처였던 마현리에는 현재 장기초등학교가 있다. 마현리는 1785년(정조 9)부터 장기향교가 이건되어 있었으며 1911년 일제강점기 때 장기공립보통학교(장기초등학교의 전신)가 개교되었고 장기향교는 1922년 장기읍성 내 현재의 위치로 이건하였다. 초등학교 교정에는 우암이 심었다는 은행나무가 전해온다. 운곡서원이나 덕동마을처럼 큰 은행나무를 기대하지 않는

우암 송시열이 심었다는 은행나무

것이 좋다. 지역의 모든 역사를 간직한 듯 고졸미(古拙美) 가득한 그런 나무가 지금도 가을철에는 은행 열매를 떨구며 그렇게 서 있다.

장기는 장기숲으로도 유명하였다. 지금은 그 규모를 확인할 수 없지만 1833년에 제작되어 가장 오래되고 상세히 수록된 『경상도읍지』에 '길이가 7리이고 너비가 1리'라고 되어있고, 1938년에 간행된 『조선의 임수』에는 '면적 19ha(대장면적 18정 9반 7무 7보)가 동서에 걸쳐 있으며 연장 3400m 안에 1700m는 폭 100m 내지 200m, 기타는 15m 내외의 띠처럼 긴 하반평탄지'라고 적혀있다.[8] 이미 오래전부터 군사방어용으로 또 수해와 풍해 방지 목적으로 조성된 엄청난 규모의 장기숲을 다산 정약용이 거닐었던 때는 1801년(순조 1)이다. 우암이 장기를 떠나고 122년이 지난 후 다산 역시 유배객으로 장기를 찾게 되었다. 다산은 왜 유배를 떠나게 되었는가. 다시 역사적 사실을 살펴보자면, 1801년 '신유박해'라고 알고 있는 천주교 박해사건과 관련이 있다.

성리학이 지배하던 조선 중기 중국에서 들어온 천주교는 조선 사회에서 보면 위험한 사교(邪敎)였다. 다산은 천주교의 독실

---

8   (사)생명의숲국민운동, 『역주 조선의 임수』, 지오북, 2007, 359쪽

한 신자가 아니라 하더라도 다산의 집안은 천주교와 깊은 관련을 맺고 있었다. 큰형수(정약현의 처)의 동생인 이벽은 조선시대 천주교 초기의 교도로서 한국 천주교회를 창설한 주역이었다. 최초의 영세자 이승훈은 다산의 큰 매형이었고, 백서사건으로 처형된 황사영은 다산의 조카사위(정약현의 사위)였다. 이즈음 조정은 노론 벽파와 남인 시파가 대립하고 있었는데 이승훈, 이가환, 정약용 등은 대부분 남인이었다. 연이은 천주교 관련 사건은 노론 벽파 사람들이 남인 시파를 제거하는 빌미를 제공하였다. 1800년 6월 정약용을 총애하던 정조가 갑자기 사망하고 11세의 순조가 즉위하게 되자 왕실의 최고 어른인 정순왕후 김씨가 수렴청정을 하게 됐다. 벽파의 우두머리였던 김구주의 여동생이었던 정순왕후는 시파의 모든 고관들을 파직시키고, 1801년 1월 11일 서학을 믿다가 적발되면 코를 베고 멸종시키겠다는 엄금조서를 반포하였다. 이때 책롱사건(冊籠事件)이 발생했다. 정약종은 가지고 있던 천주교 서적과 성물, 그리고 주진모 신부의 편지 등이 담긴 책 고리짝을 보다 안전한 곳으로 몰래 옮기려다가 적발되었다. 책롱 속에는 다산의 서찰도 들어있었다. 사건은 포도청에서 의금부로 이관되었고 관련된 사람들은 모두 역적으로 취급되어 심문을 받았다. 1801년 2월 26일, 초기 천주교 지도자들인 이승훈·정약종 등 6명은 서소문 밖 형장에서 참수를 당했고 다산은 다행히 죽음은 면하고 경상도 장기현으로 유배가 결정되었다.

3월 9일 장기에 도착한 다산은 마현리 구석(龜石)골 현재 장기 초등학교 부근의 성선봉 집에서 기거를 하였다. 하지만 장기에 머무는 기간은 그리 길지 않았다. 1801년 9월 15일 황사영이 중국 북경의 구베아(Gouvea) 주교에게 보내려 한 편지가 조정에 압수당한 이른바 '황사영 백서사건'이 발생하자 그해 10월 20 일 다산은 장기에서 다시 한양으로 압송된 후 전라도 강진현으로 이배되어 갔다. 하지만 장기는 다산에게 18년이라는 긴 유배 생활의 처음을 맞이한 곳이었다. 그래서였을까. 유배 기간 동안 234편 537수의 시를 남겼는데, 이중 유배 첫해인 신유년(1801) 에 남긴 시만 75편 184수에 해당한다.[9]

유배지의 적적한 마음을 달래고 시상을 떠올리며 거닐었을 장 기숲은 거의 사라졌다. 숲이 있던 자리에 들어선 장기중학교 교 정에 십 수여 그루 정도의 나무가 남아 숲의 흔적을 유지하고 있 다. 여름철, 눈 소복히 쌓인 크리스마스트리보다 눈부신 큰 키 의 이팝나무 노거수와 줄기에 큰 가시가 있는 흔치 않은 주엽나 무는 몇 그루 남지 않은 장기숲을 찾으면 꼭 살펴봐야 할 나무들

---

9   이상준, 『장기 고을에 가면 조선왕조 500년이 있다』, 경북매일신문, 2020, 324-32쪽

이다. 그리고 하나 더. 장기중학교 교정 가장 깊숙한 곳에, 가장 오랜 세월 이곳을 지키고 있었을 나무 한 그루가 있다. 아래 몸통에 비해 위 가지들은 세월에 많이 잘려나가서 수형(樹形)이 균형감은 떨어지지만 400년 농익은 시간이 내뿜는 아우라는 대단하다. 다산도 이 나무를 보았을까. 다산이 떠난 지 200년하고도 20년 이상 지난 지금도 그때의 역사를 간직한 채 서 있는 저 느티나무를 '정약용 나무'라고 부르면 어떨까.

◀ 장기중학교 교정에 있는 느티나무. 다산이 거닐었을 장기숲은 십 리에 달하는 거대한 숲이었으나 현재는 장기중학교 뒷 교정에 십 수여 그루 정도만 남아 흔적을 유지하고 있을 뿐이다.

감실 속 미륵불의좌상이 새겨진 고석사

'신라 선덕여왕 7년(638년) 때의 일이다. 어느 날 동쪽에서 세 줄기 빛이 일어나 지금의 경주인 서라벌 왕궁을 사흘간 비추었다. 이에 선덕여왕이 신기하게 여겨 국사 혜능에게 그 빛이 솟구치는 곳을 찾아달라고 부탁하였다. 혜능 스님이 빛을 찾아 가보니 땅속에서 큰 바위가 불쑥 솟아 나와 있고, 그 바위에서 서기가 뻗어 나와 왕궁 쪽으로 비추고 있었다. 선덕여왕께 이 사실을 고하니 신하들 및 스님들과 의논한 후 부처님을 모시고 절을 세우는 것이 좋겠다고 하여 왕명으로 바위에 미륵부처님을 새겨 모시고 절을 창건하고 고석사(古石寺)라 이름하였다.'

절 마당 안내판에 쓰여진 고석사 창건이야기이다. 『영일군사』에도 비슷한 이야기가 나오지만 정확한 출처는 알 수 없다. 하지만 이야기에 나오는 '큰 바위에 새겨진 미륵부처님'은 지금도 법당 안에 모셔져 있다. 그런데 그 모양이 특이하다. 대부분 절들이 금동으로 된 가부좌 모습의 불상이라면 고석사는 법당 안에

일제강점기 고석암 엽서. "조선 경상북도 장기군 고석암. 군청에서 1여 리 떨어진 평동리에 있다. 고려 태조 왕건 때 궁중에서 동방 1000여 리에 해당하는 곳에 서광이 비쳤다는 것을 인지하여 사자를 보내 조사시켰더니 과연 기묘한 바위에 1개의 불상이 있음을 확인하고 그 위에 소각(小閣) 하나를 축조했다.(무라타 수월당 발행)" ▶

庵 石 古　　郡 瓷 長 北 尙 慶 鮮 朝

時ノ祖太建王麗高有ニ里洞不余里一ル去ヲ廳郡
者使リメ認ナ光端テツ當ニ里餘千方東リヨ中宮
確チルア像佛ノ個壹嚴奇然果ニシセ求探テシチ
也ノモルセ造築ヲ閣小一三上其メ

（行發堂月秀田村）

높이 281cm, 폭 250cm의 큰 바위 그대로 모셔져 있다. 바위에 새겨진 미륵불은 법당이 놓여진 남쪽과 달리 서쪽을 바라보고 있고 앉아 있는 모양이 가부좌가 아니라 의자에 앉아있는 '의좌상(倚坐像)'이다. 지금까지 알려진 의좌상의 부처는 고 신라시대 삼화령 미륵 삼존불과 고려시대 법주사 마애 미륵불의상 등 단 두 점밖에 없었다. 고석사의 석조여래의좌상(石造如來倚坐像)은 특히 남북국시대의 유일한 미륵불의좌상이어서 의미가 크다. 감실을 파서 미륵불상이 그 턱을 의자 삼아 앉아 다리를 내리고 있는 모습으로 바위에 부조로 새긴 형식 또한 독특한 점이다. 오른쪽은 표면에서 25~30cm 정도 들어가 의자로 삼아 불상이 앉아있고 왼쪽 턱은 깎여져 턱이 경사진 것처럼 보인다. 거의 완전하게 남아 있는 오른쪽 감실은 24cm 정도의 테두리를 만들고 여기에서 비스듬히 안쪽으로 휘어지게 깎아 감실을 만들었으며, 또한 머리 부분으로 올라가면서도 휘어지게 깎았으므로 머리 위는 다소 타원형을 이루면서 보주형 지붕처럼 앞으로 나오게 처리한 것으로 판단된다. 보주형으로 생각되는 감실 상단의 머리 주위는 깨어져 불규칙한 두광(頭光)처럼 보이고 있다.

고석사 미륵불의좌상(彌勒佛倚坐像). 감실을 파서 미륵불상이 그 턱을 의자 삼아 앉아 다리를 내리고 있는 모습으로 바위에 부조로 새겼다. ▶

의자에 앉아있는 의자세(倚姿勢)의 이 불상은 꽤 높은 고부조(高浮彫)로 새겨져 있다. 머리에는 유난히 높고 큼직한 뺨과 턱의 양감처리로 다소 넓고 힘이 있는 편이다. 즉 얼굴의 길이와 너비가 동일한 크기(27×27cm)로 사각형에 가깝게 넓고 둥근 모습을 나타내고 있는 것이다. 눈은 반개했는데 중간에 돌출선이 살아 있어서 다소 생동감이 있다. 귀는 왼쪽 귀 끝(귀젖)이 약간 떨어져 나갔으며, 오른쪽 귀는 거의 원형을 유지하고 있는 편이다. 코는 비교적 짧은 편이지만 전체적으로 다소 넓적한 셈이며 콧구멍도 표현되고 있다. 입은 윗입술이 다소 짧은 인중과 함께 튀어나온 편이며, 옆으로 입이 큰 편이다.

목은 굵은 편이며 상체와 명확히 구별 짓고 있는데 삼도(三道)는 보이지 않고 있다. 어깨는 넓고 둥글게 처리되었지만 양쪽 어깨가 움푹 파여졌고 삼도 아래와 가슴 일부도 움푹 파인 곳이 있다. 가슴은 옷속에 감싸여 있지만 젖가슴을 볼록하게 나타내었고 허리는 잘쏙하게 처리되었으며 아랫배는 다소 나오고 있어서 양감이 풍부한 셈이다.[10]

고석사에서 600여m 떨어진 도로변에 가로 105cm 세로 70cm 높이 30cm 크기의 돌로 만든 제상(祭床)이 있어 고석사

---

10 문명대, 〈포항 고석사 통일신라 미륵불의상의 최초발견과 그 역사적 의의〉, 『강좌 미술사 32호』

고석암중건주김월송당신설 갑자(1924년) 오월 일.

중건과 관련된 자료가 된다. 제상 앞면에는 '古石庵重建主金月松堂新設, 甲子 五月 日(고석암중건주김월송당신설, 갑자 오월 일)'로 적혀 있다. 고석사는 예전에는 '고석암'이라 불렸고 갑자년은 1924년을 말한다. 즉 '고석암 중건주 김월송당스님이 새로이 건립했다. 1924년 5월'이라는 뜻이다. 한편 『영일읍지』(1929)에는 '계해년(1923)에 김월송이 새로 노전(爐殿)을 세웠고, 정묘년(1927)에 최영은이 보광전의 기와를 갈았다. 또 단청을 하고 새로 관음불상을 조성했다.'라고 되어 있다. 두 자료를 종합해 보면 1920년대에 고석사가 중건되었다는 것을 알 수 있다. 하지만 중건 당시부터인지는 정확하진 않지만 오랫동안 고석사 석조여래불은 회칠로 덮혀 석불인지, 원형의 형태가 어땠는지 알 수가 없었다. 다행히 2006년 11월 불상을 덮고 있던 석고를 걷어내고 지금의 석불 모습을 확인할 수 있게 되어 2017년 경상북도 문화재자료 제651호로 지정되었다.

회칠로 덮혀 있을 때의 불상의 모습

동해

호미반도해안둘레길 | 말목장성

임곡리, 호미반도해안둘레길에서 만나는 연오랑세오녀

걷기가 열풍이다. 직립보행이 인간의 특징이라고 배웠으니 걷기는 인간의 욕구이자 특권이다. 세상이 빨라질수록 느림의 걷기는 오히려 더 귀하게 여겨진다. 심지어 맨발로 걷기까지 나오고 있지 않은가. 각 지자체마다 경쟁하듯 둘레길을 만드는 일에 열중하는 것도 그런 분위기를 말해준다. 호미반도의 서쪽 해안은 '호미반도해안둘레길'로 조성되어 있다. 포항시 남구 일월동에서 시작하여 호미곶광장까지 총 25km에 달하는 구간이다. 전국 둘레길이 다 그 지역의 특징을 잘 담아내었겠지만 바다 위를 걸으며 해안 절경을 감상하는 데는 이만한 곳이 없다고 본다. 길에서 만나는 역사성까지 곁들인다면 호미반도해안둘레길은 우리나라 대표적인 둘레길로도 손색이 없다.

동해면 임곡리는 호미반도해안둘레길 1코스에서 만나는 곳이다. 영일만에서 호미반도로 돌출하는 첫 지점에 해당하는 임곡리에서 반드시 포항을 바라다 볼일이다. 그곳에선 넓은 영일

만 바다가 한눈에 들어온다. 포항제철 건립으로 중간에 끊어지
긴 했지만 도구해수욕장에서 시작하는 백사장은 한때 최고의 명
성을 자랑했던 송도해수욕장, 지금은 영일대해수욕장으로 거듭
난 북부해수욕장까지 이어진다. 멀리로는 높고 낮은 산들이 도
심 외곽을 둘러싸고 있어 아늑하게 느껴진다.

그 옛날 연오랑과 세오녀가 일본으로 떠났던 곳도 이곳 동해
면이다. 삼국유사에 실린 연오랑·세오녀 이야기는 다음과 같다.

제8대 아달라왕이 즉위한 지 4년 정유년(157년)에 동해 가에
연오랑과 세오녀 부부가 살았다. 하루는 연오랑이 바다에 가서
해조를 따고 있는데, 갑자기 바위가 하나 나타나더니 연오랑을
태우고 일본으로 갔다. 일본 사람들이 그를 보고 말했다.

"이 사람은 예사로운 인물이 아니다."

그래서 왕으로 삼았다. 세오녀는 남편이 돌아오지 않자 이상
하게 여겨 (바닷가에 가서) 찾다가 남편이 벗어 놓은 신발을 발견
했다. (세오녀가 남편의 신발이 있는) 바위 위로 올라갔더니 바위는
또 이전처럼 그녀를 싣고 (일본으로) 갔다. 그 나라 사람들은 놀라
고 이상하게 여겨 왕에게 알리고 세오녀를 왕께 바쳤다. 부부는
서로 만나게 되었고 (세오녀를) 귀비로 삼았다.

이때 신라에서는 해와 달이 빛을 잃었는데, 일관(日官)이 (왕께)

아뢰었다.

"해와 달의 정기가 우리나라에 내렸었는데, 이제 일본으로 가 버렸기 때문에 이런 변괴가 생긴 것입니다."

왕이 사신을 보내 두 사람에게 돌아오기를 청하자 연오랑이 말했다.

"내가 이 나라에 오게 된 것은 하늘의 뜻인데 지금 어떻게 돌아가겠습니까? 그러나 짐의 비(妃)가 짜 놓은 비단이 있으니, 이것을 가지고 하늘에 제사를 지내면 될 것입니다."

그러고는 비단을 주었다. 사신이 돌아와서 아뢰고 그 말대로 제사를 지냈더니 그런 후에 해와 달이 예전처럼 빛을 되찾았다. (그리고 연오랑이 준) 비단을 임금의 곳간에 간직하여 국보로 삼고 그 창고의 이름을 귀비고(貴妃庫)라 했다. 하늘에 제사 지낸 곳은 영일현(迎日縣) 또는 도기야(都祈野)라 했다.[11]

연오랑세오녀가 일본으로 건너갔다면, 일본에는 어떤 기록이 남아 있을까.

서기 720년 일본 왕실에서 편찬한 『일본서기』에는 스사노오노미코토라는 신이 나온다. 스사노오노미코토는 그의 아들인

---

11   일연 지음, 김원중 옮김, 『삼국유사』, 민음사, 2021, 91-2쪽

연오랑세오녀테마공원. 2019년 조성되었으며 호미반도해안둘레길 1코스에 있다.
전시관 이름을 '귀비고'라 하였다.

이타케루 신을 거느리고 다카마가하라(高天原)에서 지상으로 내려와 살았다. 그곳은 신라국의 소시모리였다. 스사노오노미코토는 소시모리에서 다시 바다를 건너 왜나라 '이즈모국(出雲國)'으로 왔다. 이즈모국에서 스사노오노미코토는 머리가 8개 달린 뱀을 가라사비로 쳐서 물리쳤다.

일본 학자 니시코리아키라(綿織 明) 등은 스사노오노미코토가 신라에서 앞선 철기문명과 직조기술을 가지고 일본으로 왔으며, 연오랑세오녀와 깊은 관계가 있다고 한다. 그는 연오랑세오녀와 스사노오노미코노(素盞烏尊)의 한자이름에 전부 까마귀 '오(烏)'자가 들어가 있으며, 이 까마귀는 고구려 등의 태양신인 삼족오를 뜻하는 데다 일본 시마네현 마츠에시 미호진자(美保神社)에도 삼족오 그림이 나타나고 있으므로 태양신 사상과 이어진다고 주장한다. 그는 또 일본 시마네현 가라카와(唐川)에는 스사노오노미코토가 신라에서 일본으로 건너올 때 타고 왔다는 바위배가 지금도 전하고 있을 뿐 아니라, 부근에 스사노오노미코토를 숭배하는 사당이 있어 많은 사람들이 찾고 있다고 한다. 니시코리아키라 뿐만 아니라 한국과 일본의 일부 학자들은 스사노오노미코토 신화는 이즈모 건국 신화로서 신라에서 철기와 비단 기술 등 선진문물을 일본에 전해 준 실존 인물에 관한 이야기를 은유한 것이라 하며, 그 인물이 바로 연오랑과 세오녀라고 하는 이론을 펴고 있다.

신라로부터 절대자가 건너와 왕이 되었다는 스사노오노미코토에 관한 신화는 오늘날 일본 시마네현 지역에 널리 퍼져 있고, 이즈모대사(出雲大社)를 포함해서 여러 신사에서 스사노오노미코토를 모시고 있다. 이즈모대사에 있는 스사노오노미코토의 동상뿐만 아니라 일본 시마네현에 있는 스사노오노미코토의 무덤이라고 전하는 바위도 모두 고향 영일만인 서쪽을 바라보고 있다.[12]

연오랑세오녀 이야기는 『삼국유사』(1281년) 이후에도 여러 문헌에서 발견되는데 250년이 지난 1530년에 나온 『신증동국여지승람』에는 연오랑이 보내준 비단으로 하늘에 제사를 지낸 곳이 일월지(日月池)로 나온다.[13] 현재 일월지는 포항시 남구 오천읍 용덕리 60번지 해병대 부대 안에 있으며 경상북도 기념물 제120호로 지정되어 있다. 부근에 신라 때부터 내려오는 천제당이란 사당이 있었으나, 일제강점기 때 철거되어버렸다고 한다.

동해면 임곡리에는 2019년 연오랑세오녀테마공원이 조성되었다. 이곳에 전시관 이름을 '귀비고'라고 지었다. 세오녀가 짜준 비단을 나라의 보물로 보관하던 창고 이름은 지금도 이렇게 다시 불리고 있다.

---

12 이상준·임성남 공저, 『해와 달의 빛으로 빚어진 땅』, 오천청년회, 2018, 33-5쪽

13 "而祭之於池上, 日月復光. (중략) 因名其池曰日月池,"(『新增東國輿地勝覽』迎日縣【古跡】)

흥환리, 말목장성의 서쪽 시작점

호미반도라고 일출만 장엄한 것이 아니다. 바다가 동쪽에만 있는 게 아니라 서쪽에도 영일만 바다를 품은 호미반도는 바다 너머 먼 산으로 해가 지는 낙조 또한 일품이다. 호미반도해안둘레길 2코스에서 만나는 동해면 흥환리가 바로 그러한 곳이다. 붉은 하늘빛과 멀리 비학산의 검은 실루엣, 하루의 마지막 남은 빛을 반사하는 검푸른 바다색은 황홀한 경험이 분명하다. 해 질 무렵 꼭 들려보길 권한다. 또한 흥환리는 호미반도를 동서로 가로지르는 말목장성의 서쪽 시작점이기도 하다.

동해에서 바라보는 낙조. 호미반도는 일출뿐만 아니라 바다 너머 먼 산으로 해가 지는 모습도 관찰할 수 있다

흥환리 쪽 말목장성 입구 바닷가 둘레길에는 영세불망비(永世
不忘碑) 3기가 세워져 있다. '감목관 민공치억 영세불망비(監牧官
閔公致億 永世不忘碑)' '울목 김부찰노연 영세불망비(蔚牧 金副察魯淵
永世不忘碑)' 그리고 '일제조 흥인군 이영상국공최응 영세불망비
(一提調 興寅君 李領相國公最應 永世不忘碑)'.

여기 있는 세 개의 비석들을 통해 장기목장과 관련된 이야기
를 알 수 있다. '감목관 민공치억 영세불망비'는 감목관 민치억
의 선정비로, '감목관'이라는 벼슬은 조선시대 지방의 목장에 관
한 일을 관장하던 종6품 외관직을 말하며 민치억은 1874년 가
인의(假引儀)라는 종9품직으로 출발해 1881년 울산 감목관으

장기목장과 관련 있는 3기의 비석. '울목 김부찰노연 영세불망비(좌)' '일제조 흥인군
이영상국공최응 영세불망비(가운데)' '감목관 민공치억 영세불망비(우)'.

로 승진한 인물이다. 그는 당시 세력을 떨쳤던 여흥 민씨의 일파였다. 비석에 '광서(光緖) 8년'으로 기록되어 있는 것으로 보아 1882년(고종19)에 세워진 것으로 보인다. '울목 김부찰노연 영세불망비'는 울산목장에 감목관으로 있던 김노연의 공적비이다. 비석에 쓰인 '울목'이라는 문구를 통해 당시 장기목장은 울산목장의 관할 지역이었다는 사실을 확인할 수 있다. '일제조 흥인군이영상국공최응 영세불망비'는 조선 후기 세력가였던 흥인군 이최응(1815~1882)의 공적을 기리는 선정비이다. 이최응은 흥선대원군 이하응의 친형으로 알려진 인물이다. 비석에 적힌 내용을 보면, 장기목장 인근 지역민들에게 높은 세금을 거두어들이던 폐단을 흥인군이 없애주어 백성들이 다시 모여 살게 되었다며 그 은혜를 기리고 있다. 이 비석 역시 광서 8년 즉 1882년에 세워졌다.

말목장성은 말을 키우기 위해 만든 동을배곶(冬乙背串)목장의 돌 울타리이다. 동쪽, 북쪽, 서쪽이 바다로 둘러싸여 있으니 남쪽만 돌로 성을 쌓아 목장을 만들면 말들이 다른 데로 갈 수가 없는 천혜의 조건이었다. 동해면 흥환리에서 구룡포 돌문까지 호미반도를 가로질러 약 7.6km 거리로 축조되었으며 현재도 5.6km가 남아 있다. 문헌에서 확인되는 목장의 규모는 동서 25리, 남북 30리, 둘레 115리로 전국에서 가장 컸다고 한다. 신라시대 때 해봉사가 말 안녕을 빌기 위해 창건되었다는 이야기로 봐서 이 고장이 말을 키우는 목장으로 사용된 것은 신라 때까지 거슬러 올라가지만 현재 남아 있는 성의 축조 시기는 명확하게 알 수 없다. 『조선왕조실록』 '세종실록'에 세종 14년(1432) 동을배곶목장에 감목관을 영일·장기의 수령으로 겸임케 한다는 내용이 있는 것으로 보아 그 전부터 목장이 있었던 것으로 확인된다. 마필 수의 규모는 『승정원일기』 인조 3년(1625) 기록에 1,066필의 말이 방목상태로 있다는 내용이 있어 그 규모를 알 수 있다. 한편 울산에 가면 방어진에 남목(南牧)이라는 지명이 남아 있다. 그곳 또한 목장이 있었던 곳으로 남쪽 목장이란 뜻이다. 장기현 동을배곶목장은 북목이었다. '효종실록'에 효종 6년(1655) 경상도 장기현 내에 북목을, 울산에 남목을 설치하였다는 기록이 있으며 동을배곶목장이 울산 감목관의 관할로 들어가게 되었다.

조선 후기에 접어들면서 목장의 규모는 현저히 줄어들었다. 1832년 발간된 『읍지』에 동을배곶목장의 규모는 둘레 70리, 말 548필이 있다고 하였고 1864년의 『고종시대사 1집』에는 울산·장기 두 곳 목장마가 587필이라는 기록이 있다. 1894년 갑오개혁 이후 탐관오리들이 나타나고 백성을 착취하는 부작용이 일어나 목장이 잠시 폐해졌다가 부활되기도 하였으나 1905년 을사

말목장성. 호미반도는 삼면이 바다로 둘러싸여 있으니 남쪽만 돌로 성을 쌓아 목장을 만들면 말들이 다른 데로 갈 수가 없는 천혜의 조건이었다.

조약 후 일제의 압력으로 목장이 완전히 폐지되었다. 말은 사라졌지만 말을 가두어 지키던 돌 울타리는 남았다. 호미반도해안둘레길이 호미반도의 해안지형을 감상하기 좋은 길이라면 말목장성을 따라 걷는 말목장성길은 호미반도 동·서를 가로지르며 내륙지형을 느끼기에 그만인 길이다. 말목장성길 중간쯤에 위치한 전망대에 오르면 멀리 동해바다는 물론 반대편으로는 끝없이 펼쳐진 산들을 바라볼 수 있다. 지도에서 평면처럼만 생각하던 호미반도와는 확연히 다른, 넓고 꿈틀대는 살아있는 호미반도를 바라볼 수 있다.

구룡포

일본 제국주의 흔적들 | 동쪽 땅끝 마을 | 구룡포도서관 | 포항 해녀 | 동해안별신굿

구룡포에 남은 일본 제국주의 흔적들

말목장성은 흥환에서 호미반도의 동편, 구룡포로 이어진다. 구룡포는 동해안 최대의 어장이다. 그만큼 일제강점기 때 일본 사람들이 많이 왔고 당시 유물 또한 많이 남아 있다. 구룡포에 남아 있는 일제강점기의 역사적 유물 답사는 구룡포항 방파제 옆에 있는 '구룡포항확축공사준공비(九龍浦港擴築工事竣功碑)'에서 출발한다.

구룡포는 호미반도 동편에 위치한다. 해산물이 풍부한 구룡포는 일제강점기 많은 일본인들이 넘어오는 계기가 되었고 지금도 일제강점기 흔적들이 많이 남아 있다.

구룡포에 일본인이 처음 등장한 것은, 1902년 야마구치현에서 출어한 도미잡이 어선 50여 척이 구룡포에 정박하면서부터라고 알려져 있다. 하지만 구룡포에 일본인이 처음 등장한 것은 그 이전이다. 1898년 8월 조선어업협회가 "구룡포항에는 인구가 약 30호, 80명 정도이고 일본 어민 가운데 구룡포에서 사

구룡포 일본인 가옥거리. 최근 드라마 '동백꽃 필 무렵'의 촬영지로 인기가 높았다.

업하는 사람이 없으며, 일본 약재상이 종종 찾아오기는 한다"는 내용을 보고하고 있기 때문이다. 1904년에는 가가와현 출신의 어민들이 도미와 삼치를 잡기 위해 구룡포에 왔고, 1905년 일본인 중 최초로 야마구치현 도요우라군 출신 하마모토 오토사쿠가 구룡포로 이주하였으며, 1906년부터는 고등어 유망어선이 구룡포에 들어왔다. 1909년에는 오사카의 어업단인 유료조가 처음으로 구룡포에 사무소를 설치하였다. 이후 1909년 가가와현 출신의 선어운반업자인 하시모토 젠기치(橋本善吉)가 그의 매제와 함께 구룡포에 이주한 것으로 보인다. 1912년에는 〈가가와현 조선해출어단〉 구룡포 출장소가 설립되어 가가와현 어민의 이주가 더욱 늘었고, 1922년에 〈가가와현인회〉가 설립되기도 했다. 일본인 이주자들이 급격하게 늘어나자 일본인의 이주에 따른 구룡포의 발전은 행정적 위상 변화로 이어졌다. 1913년 10월 11일에는 우편소가 설치되고 시가지 정리도 계획되었다. 1914년 4월 1일에는 당시 사라리, 신동리, 창주리를 합쳐 구룡포리라는 지방행정조직의 일원으로 당당하게 등장하게 되었다. 1920년 1월에는 구룡포에도 공설 전통시장이 개설되는 등 발전을 거듭하였고 1912년경 47호에 불과했던 일본인 이주자들은, 축항이 한창이던 1932년 5월에는 일본인 262호(9,056명), 조선인 744호(3,388명)가 구룡포에 거주하였다. 이후로도 1942년 구룡포가 속해 있던 창주면이 구룡포읍으로 승격될 때까지 구룡포 지역사회를 주도한 것은 일본인들이었다. 구룡포에서 가장 유력한 일본인은, 가가와현 출신의 하시모토 젠기치와 오카야마현 출신의 도가와 야사부로(十河彌三郎)였다. 하시모토는 구룡포에서 여러 사업체를 운영하면서, 도가와는 경상북도 평의원을 비롯하여 구룡포의 각종 공직을 역임하면서 각각 구룡포에서 영향력을 행사하고 있었다. 가가와현 출신들은 하시모토를 중심으로, 그리고 그 외 현 출신자들은 도가와를 중심으로 결집하면서 구룡포의 발전과 이익의 배분을 놓고 협력과 갈등을 반복했다. 팽팽하게 맞서던 두 세력이 손을 잡은 것은 항만건설이라는 염원 때문이었다. 그들은 '구룡포축항기성동맹회'를 조직하고 회장 도가와, 부회장은 하시모토가 맡았다.

지금의 병포리 부근 용두산 자락은 온통 돌산이었다. 용두산 자락에서 지금의 긴 방파제까지 레일을 깔고 수레에 돌을 실어 날랐다. 1923년 2월 28일부터 시작한 공사는 1926년 8월 20일, 연장 182m의 방파제 1차 축조를 마쳤다. 이 공사로 구룡포는 어업 근거지의 기본적인 여건을 갖추게 되었다. 이후 인구도 늘고 항구로서의 기능도 발전하여 1931년 조선총독부가 발행한 『조선항만요람』에 우리나라 31개 지방항 중에 구룡포항이 포함되었다. 다시 수용력의 한계를 느껴 방파제를 확충할 필요

구룡포항확축공사준공비. 구룡포항 방파제 입구 옆에 서 있다.
◀ 1935년에 건립 당시 모습

가 생겼다.

1932년 2월부터 방파제를 연장하는 2차 축항공사가 시작되어 방파제연장 70m와 재해복구연장 135m의 구룡포항 방파제 연장공사가 1935년 2월 13일 완성되었다.[14] 지금도 사용되고 있는 구룡포 방파제(북방파제)는 이렇게 건립이 되었다. 방파제에 들르면 반드시 입구 한쪽에 있는 '구룡포항확축공사준공비'

---

14 DGB대구은행의 지역 사랑지 향토와 문화 99 『동해의 항구』, 2021, 42-59쪽

구룡포 근대역사관. 하시모토 젠키치의 2층 목조집이었으며 포항시에서 매입·수리하여
근대역사관으로 활용하고 있다.

를 찾아볼 일이다. 일본식으로 바위와 시멘트로 만든 기단이 우
선 눈에 띈다. 거친 돌 표면에 감실을 만들고 표면을 잘 다듬은
후 글자를 새겨둔 비석이 그 위에 있다. 비석 왼쪽에 새겨진 일
본 연호는 알아보기 어렵게 훼손되었으나 자세히 보면 '昭和十
年'이라 새겨져있어, 1935년에 건립된 것을 알 수 있다. 하지만
아래의 동판은 떼어진 채 없어져서 내용을 알 수가 없다.

  준공비에서 길을 건너 골목으로 접어들면 보존 상태가 양호한
일본 가옥을 만나게 된다. 하시모토 젠키치의 2층 목조집이다.

일본에서 직접 건축자재를 운반해 와서 지은 집이라고 한다. 지금은 포항시에서 매입·수리하여 '구룡포 근대역사관'으로 활용하고 있다. 일본 가옥 구조를 볼 수 있는 근대역사관 내부를 둘러보고 골목으로 나서면, 많이 개량은 되었지만 일본식 가옥들이 군데군데 남아 있다. 일제강점기 때 포목점, 상점, 백화상점 등을 했었다는 안내푯말이 붙어있다. 457m 거리에 있는 28동의 건물을 보수하여 만든 '구룡포 일본인 가옥거리'의 풍경이다. 목조건축물은 세월이 지나며 사라지기도 하고 변형되기도 하였지만 돌로 만든 구조물은 축적된 세월의 시간을 고스란히 담고 있다. 바로 중앙에 있는 돌계단 이야기이다. 돌계단 양옆으로는 사각의 돌기둥이 나란히 줄지어 서 있다. 올라가는 기준으로 왼쪽 61개, 오른쪽 59개. 기둥에는 여러 이름들이 적혀 있는걸 볼 수 있다. 영일군수, 영일교육감을 비롯 구룡포통조림공장, 구룡포어업조합, 대보어업조합 등등.

돌계단 중간쯤에 있는 돌기둥에는 '단기 4293년'이라고 시기를 밝혀두었다. 그러니까 1960년에 새겨 넣은 이름들이다. 여기까지만 본다면 돌계단은 마치 1960년에 건립된 것으로 보인다. 하지만 보이는 것이 전부는 아니다. 돌기둥의 뒷면을 살펴보아야 한다. 이름이 새겨진 돌기둥의 뒷면에 시멘트로 덧칠해진 흔적을 볼 수 있다. '단기 4293년'이라고 새겨진 돌기둥 뒷면에는

구룡포공원 입구 돌계단과 돌기둥.

앞면에 '단기 4293년'이라고 쓰여진 돌기둥 뒷면에 '昭和十九年'이라 새겨져 있어서
1944년에 만들어졌음을 알 수 있다.

'昭和十九年'이라고 적혀 있다. 즉 돌계단과 돌기둥들이 1944년
에 만들어졌다는 걸 알 수 있다. 그렇다면 시멘트로 덧칠한 것은
무엇을 가리기 위함일까. 돌계단 조성 당시 구룡포 일본인 유지
들의 이름들이 새겨졌던 것이다. 그리고 광복 후 그 이름들을 시
멘트로 덧발라 가린 후 기둥을 180도 돌려 세웠다. 그렇게 조성
된 것이 구룡포공원이다.

　시멘트를 덧발라 지우려고 한 흔적은, 계단을 다 올라 마주하
는 비석에서도 발견된다. 일본식으로 만든 기단 위에 규화목 화
석으로 높이 세운 비석이다. 도가와 야사부로 송덕비이다. 일본
인들이 그를 기리기 위해 일본에서 규화목을 가져와 1944년경

에 송덕비를 세웠다고 하나, 비문 내용 전부가 시멘트로 덧발라져 있어서 내용을 확인할 수는 없다. 일본인 송덕비를 시멘트로 덧발라버리고자 했던 울분 또한 충분히 이해가 가지만 제대로 된 역사를 확인하기 위해서 시멘트를 벗겨내 비석 원문을 확인하는 날이 오길 기대한다.

자신의 송덕비 옆에서 사진을 찍은 도가와 야사부로. 당시 포항에서 문인 활동을 하던 세토 가즈요시(瀨戶一由)가 송덕비 비문을 지었는데 시멘트로 덮혀 있어 상세한 내용을 확인할 수는 없다.

송덕비에서 몇 계단 더 오르면 구룡포항이 한눈에 내려다뵈는 편평한 평지가 나온다. 전망이 기가 막히게 좋은 이곳에 현재 용왕당과 충혼각이 있다.(돌계단 입구 좌우 돌기둥 각각에 '구룡포공원 입구', '용왕당 입구'와 더불어 '구룡포충혼각 입구'라고 붉은 글씨로 적혀 있다.) 일제강점기 때는 신사가 있었던 곳이다. 돌계단도 신사에 오르기 위해 마련된 것이었다. 지금도 돌계단을 다 오르면 돌사자 한 쌍이 각각 좌우를 지키고 있다. 그리고 한쪽에는 신사를 지을 때 사용되었던 초석(礎石)과 신사를 참배하기 전 손을 씻는 쵸우즈야[手水舍]가 있다. 옆면에 '大正二年'(1913)이라 적혀 있어 건설 시기를 알 수 있다.

신사는 해체되었고 그 자리에는 1956년 용왕당이 건립되었다. 어업이 주업인 구룡포에는 어민들의 풍어와 안전을 기원하는 제당이, 일본인들이 떠난 신사 자리를 대신하게 되었다. 일반적으로 용왕당에는 여신(女神)인 '용신할머니'나 '용왕부인'을 모시는 것이 보통이나, 구룡포 용왕당은 남신(男神)인 '사해용왕(四海龍王)'을 모신 것이 특징이라고 한다. 풍어를 기원하는 동해안 별신굿을 할 때면 이곳 용왕당에서 며칠 밤이고 잔치와 같은 굿이 벌어지곤 했다. 현재의 용왕당은 2008년 새로이 지어져서 현재에 이르고 있다.

구룡포충혼각은 6·25전쟁에 참전한 호국영령을 기리기 위해

1960년에 건립하였다. 돌계단 돌기둥에 1960년의 단기 년도인 '단기 4293년'도 그때 새겨졌다. 충혼탑도 함께 건립되었는데 이때 웃지 못할 상황이 벌어졌다. 일본이 만들어 놓은 기단 위에 충혼탑 비석만 올려놓은 것이다. 재활용이라고 하지만 명분도 감각도 없었다. 전체 균형이 맞지 않는 것은 말할 것도 없거니와 호국영령의 넋을 위로하는 충혼탑을 일본인이 만든 기단 위에 올린다는 생각을 이해하기가 힘들다. 그것도 일본제국을 위해 희생한 군인들을 추모하기 위해 '제국재향군인회(帝國在鄕軍人會)'가 만든 비의 기단 위에다가 말이다. 신사 터 한쪽에 지금도 기단이 있다. 깊게 새겨진 '제국재향군인회' 명문(明文)은 지

일제가 만든 기단부를 재활용한 두 사례. (좌)일본제국 재향군인회 탑 기단부를 재활용한 충혼탑. 이후 2007년 재건립되었다.(사진출처 : 구룡포향토사). (우)포항지구전투전적비. 일제강점기 일본인의 수상(壽像)에 사용되었던 기단을 그대로 사용하였다가 1987년에 전적비 몸체만 같은 형체로 교체하였다.

우려는 듯 훼손하였고 그 위에 얕게 '대한군인유족회'라고 적어 놓은 흔적이 지금도 뚜렷이 구별이 된다. 또 한쪽 면에는 '소화3년'(1928)이라고 세로로 새겨져 있던 것을 훼손하고 그 위에 가로로 '단기 4293년'(1960)이라고 적은 것을 확인할 수 있다. 일본인이 만든 기단 위에 세워진 충혼탑은 결국 철거가 되고 2007년 새로이 충혼탑이 만들어졌다. 하지만 새로 만들어진 충혼탑 또한 전체적인 비율이나 주변 구룡포공원과의 조화 등을 고려해 보면 마음이 불편하기는 마찬가지이다. 용왕당과 충혼각이 비슷한 한옥 형태의 건물로 나란히 지어져 있는 것도 낯선 데다가 일제강점기 때의 석재 유물들 사이에 어울리지 않는 크기에 현대판 대리석으로 마감 처리한 충혼탑이 어색하게만 보인다.

일제가 만든 기단부를 재활용한 사례는 포항 시내에서도 발견된다. 송도해수욕장 입구에 나란히 있는 '미 해병 제1비행단 전몰용사충령비'와 '포항지구전투전적비'이다. 1952년에 설립된 '미 해병 제1비행단 전몰용사충령비'는 러일전쟁 이후의 일본군 충혼비였던 것을 재활용하였고 1959년에 설립된 '포항지구전투전적비'는 일제강점기 일본인의 수상(壽像)에 사용되었던 기단을 그대로 사용하였다가 1987년에 전적비 몸체만 같은 형태로 교체하였다. 당시의 인식 수준을 보이는 것 같아 지금 봐도 부끄럽지만 이 또한 역사이다. 구룡포공원 돌기둥을 뒤집어 박고 일본인 이름에 시멘트를 덧바른 것도 역사이고 신사가 있었던 것 뿐만 아니라 신사를 허문 것도 역사, 왠지 조화롭지 않게 조성된 용왕당과 충효각 그리고 새로 지은 충혼탑도 역사이다. 이러한 모든 역사들이 포항의 문화유산임은 물론이다. 많은 관광객들이 '구룡포 일본인 가옥거리'를 찾는다. 최근 드라마에서 이 일대가 방영되어 큰 인기를 끌기도 했다. 일본 전통복을 빌려주는 가게 가 있어서, 젊은 관광객들은 일본 전통 옷을 입고 거리 이곳저곳 에서 사진을 찍는다. 서울 경복궁에서 관광객들이 한복을 입고 다니듯 이곳에선 일본옷을 입고 다닌다. 그저 이색적인 일본풍 을 느끼는 게 아니라 구룡포 곳곳에 스며든 역사의 무게를 느꼈 으면 하는 마음이 간절하다. 백 년의 근대역사를 쭉 지켜봤을 은 행나무 노거수 한그루가 구룡포공원 가장 높은 곳에서 매년 가 을을 노랗게 물들이고 있다.

대한민국 동쪽 땅끝 마을

땅끝마을 하면 떠오르는 곳이 전라남도 해남이었다. 나도 그 랬다. 1993년에 유홍준 교수의 『나의 문화유산답사기』를 읽고 큰 감동을 받았다. 책에 소개된 우리나라 국토 숨은 곳을, 책의 설명을 쫓아 찾아다녔다. 책에 소개된 해남, 강진이 그렇게 아름다울 수가 없었고, 답사 여행이 의미있게 다가온 것도 다 책을 읽고 나서이다. 우리 지역의 문화유산에 대해 관심을 갖게 된 것도 그 책 덕분이라고 생각한다. 그러면서도 우리 포항에 땅끝이 있는지는 몰랐다. 생각해보면 땅끝이 남쪽에만 있을 리는 없지 않나. 서쪽, 북쪽에도 있을 것이고 동쪽에도 분명히 있을 것이다. 동쪽 땅끝이 우리 지역, 포항에 있다는 것을 알게 된 것은 한참 나중의 일이었다.

국토지리정보원에서는 섬을 제외한 대한민국 최동단을 포항시 남구 구룡포읍 석병리로 표기하고 있다. 이를 알리는 표지석이 있지만 도로 변에서 떨어진 바위섬에 설치된 점은 아쉽다. 바위섬으로 가려면 개인이 운영하는 양어장을 건너가야 해서 접근 자체가 불가능한 경우가 대부분이다. 주인께 사정사정해서 조용히 건너가서 표지석을 본 적이 있다. 지구본처럼 화강암으로 구를 만들고 표면에는 한반도를 새겨넣었다. 그리고 기단부에는 '한반도 동쪽 땅끝'이라고 적었다. 하지만 이는 정확한 표현이 아니다. 최근에 해안도로 변에 새로이 표지판을 세워서 이러한 문제점을 보강했다. 표지판 덕분에 이곳이 동쪽 땅끝마을인지도 알게 되고 이미 만들어진 표지석의 문구와는 달리 '대한민국 동쪽 땅끝'이라고 밝혀두었다. 한반도 전체로 본다면 북한이 더 동쪽으로 뻗어 있으니 구룡포는 대한민국 동쪽 땅끝이 맞는 표현이다. 그리고 커다란 표지석 옆에는 정자를 만들어 두었다. 올라가 보면 멀리 바위섬에 설치한 표지석이 아스라이 보인다.

『나의 문화유산답사기』의 유홍준 교수는 남쪽 땅끝마을에서 김지하 시인을 떠올렸다. 김지하 시인은 '땅 끝에 서서~'로 시작하는 「애린」이라는 시를 남긴 바 있다. 동해바다를 가장 먼저 만나는 동쪽 땅끝마을에서는 「내 나라 내 겨레」를 불러볼 일이다. "보라! 동해에 떠오르는 태양~ 우리가 간직함이 옳지 않겠나!"

한반도 동쪽 땅끝 표지석. 구룡포읍 석병리에 있는 동쪽 땅끝 표지석으로 한반도가 아니라 대한민국 동쪽 땅끝이 더 정확한 표기이다.

내 나라 내 겨레(1970)

김민기 글, 송창식 곡

보라
동해에 떠오르는 태양 누구의 머리 위에 이글거리나
피어린 항쟁의 세월 속에 고귀한 순결함을 얻은 우리 위에

보라
동해에 떠오르는 태양 누구의 앞길에서 환히 비춰나
눈부신 선조의 얼 속에 고요히 기다려온 우리 민족 앞에

숨소리 점점 커져 맥박이 힘차게 뛴다
이 땅에 순결하게 얽힌 겨레여

보라
동해에 떠오르는 태양 우리가 간직함이 옳지 않겠나

대한민국 동쪽 땅끝에서의 일출.

바다가 보이는 도서관, 구룡포도서관

서울 종로구 북촌에 갈 일이 있으면 들리는 곳이 정독도서관이다. 경기고등학교가 이전한 뒤 도서관으로 활용하는 곳으로 관광객들이 붐비는 북촌길과는 달리 종로 한복판에서 조용함을 느낄 수 있어 좋다. 또한 언덕에 위치하고 있다보니 이곳에서 바라보는 인왕산 풍경이 일품이다. 고리타분하게 도서관 타령을 하는 게 아니다. 요즈음은 개성 강한 도서관이 점차 많아져 도서관 투어도 여행에서 빼놓을 수 없는 재미이다. 번잡한 여행지에서 잠시 벗어나 쉬기도 하고 또 생각지도 못한 볼거리를 만날 수도 있는 곳이기 때문이다. 포항 구룡포에도 그러한 곳이 있다.

2021년 6월에 개관한 포항시립구룡포도서관은 바다가 내려다 보이는 언덕에 위치하고 있다. 1983년에 개교해서 2012년에 폐교한 구룡포여자중·종합고등학교를 리모델링해서 만들었다. 옛 교실 크기의 열람실은 아담해서 정겹고 창문 너머로 펼쳐져 보이는 바다는 푸른 꿈이 피어오를 것만 같다. 도서관을 나서며 내려가는 언덕길에서 마주치는 100년 굴곡진 역사를 가진 구룡포항의 모습은 발걸음을 멈추게 한다.

바다가 보이는 도서관은 바다와는 또 다른 매력이 있다. 힐링의 공간이며, 지식뿐만 아니라 감성의 재충전 장소이다.

포항시립구룡포도서관은 폐교한 구룡포여자중, 종합고등학교를 리모델링해서 만들었다.

도서관을 나서면 100년 굴곡진 역사를 가진 구룡포항의 모습이 한눈에 들어온다.

무형의 유산도 문화유산이다. 해녀문화

문화유산 중에는 유형의 문화유산 외에도 무형의 문화유산이라는 게 있다. 2016년 유네스코 인류무형문화유산으로 제주해녀문화가 등재되었다. 또한 2017년 5월에는 국가무형문화재 제132호로 지정되었다. 해녀가 제주도에만 있을까. 2017년 기준, 전국 해녀 수를 보면 제주도가 3,985명으로 가장 많고, 경상북도는 1,593명으로 두 번째로 많다. 울산광역시가 1,474명으로 그 다음을 잇는다. 포항은 경상북도 해녀의 약 70%를 차지하는 1,068명으로 제주, 울산에 이어 전국에서 세 번째로 해녀가 많다. 어촌계별로 포항 해녀를 살펴보면, 2020년 5월 기준으로 구룡포읍 251명, 호미곶면 249명, 장기면 102명, 동해면 109명, 청하면 60명, 여남·환호·두호·해도 등 포항시내 51명, 송라면 47명, 흥해읍 10명 순이다. 경북의 해녀는 포항 구룡포와 호미곶, 장기, 동해의 호미반도에 집중적으로 거주하고 있는 것을 알 수 있다.

포항에 해녀가 많은 것은 제주 해녀의 영향을 받아서이다. 당시 국가 중요 수출품목인 우뭇가사리 채취를 위해 매년 수천 명의 제주 해녀가 국가의 지원으로 영일, 구룡포, 양포 등지로 이주해와 활동하였다. 이를 본 포항 여성들은 바다 자원의 경제적 가치와 해녀라는 직업의 가치를 알게 되었다. 마침 포항 바다는

호미곶 상생의 손에서 작업 중인 해녀들. 경상북도는 전국에서 제주도 다음으로 해녀가
많으며 포항은 경상북도 해녀의 약 70%를 차지한다.

수심이 깊지 않아 결혼한 여성도 물질 기술만 터득하면 경제적으로 충분한 수익을 보장받았다. 1960년대 후반 도입된 고무 잠수복이 신체를 드러내는 수치심을 없애준 것도 한몫하였다. 결혼한 여성들이 스스로 물질을 익혔다는 점은 제주 해녀가 10대부터 해녀가 되기 위한 훈련을 받는 점과는 구별되는 포항 동해안 지역 해녀의 독특한 문화적 정체성이라 할 수 있다.[15]

해녀는 어머니의 마음을 느낄 수 있는 바다 대변인이다. 어머니로서 책임감으로 자식을 키우기 위해, 생계를 위해 스스로 물질을 익힌 점만 봐도 그렇다. 또한 어업활동이 기계화됨에 따라 해녀는 우리 지역 바다를 지키는 생태 지킴이로 새롭게 조명되고 있다. 포항의 해녀는, 삶이 있는 포항 바다에서 꼭 챙겨야 할 가치이다.

바다, 배(船), 신앙. 동해안별신굿

동해안별신굿을 이야기할 때면 늘 아쉬운 마음이 먼저 든다. 우리가 우리 문화를 어떻게 바라보고 대접하고 있는지 가장 극명하게 보여주는 예가 바로 동해안별신굿이기 때문이다. 흔히

---

15 김수희, 〈밭일보다 물질이 낫다는 포항 해녀〉, 『포항의 해양문화』, 연오랑, 2021, 119-163쪽

굿이라고 하면 미신 정도로만 여길 뿐 그 안에 담긴 의미나 행해지는 행위의 예술성에는 관심을 기울이지 않는 경우가 많다. 하지만 바다를 끼고 어업에 종사하던 옛 사람들에게 바다는 풍요의 존재기도 하였지만 공포의 대상이기도 하였다. 자연스레 풍어를 기원하고 안녕을 비는 의식이 발달하게 되었고 이는 신앙이 되기도 하였고 마을 축제 성격의 연희가 되기도 하였다. 우리 민족의 오래된 정서나 우리 음악의 원형(原型, archetype)을 굿에서 찾을 수 있는 이유이다.

굿을 하는 무당은 강신무와 세습무로 나뉜다. 강신무는 신내림을 받은 무당을 말하고 세습무는 부모가 무당인 경우 자식이 무당이 되는 경우인데 부모로부터 노래와 음악을 어릴 때부터 자연스레 익히게 되다 보니 음악성이 뛰어난 경우가 많다. 서울 경기 쪽에서 전승되는 굿은 강신무가 많다면 전라도나 경상도 쪽에서는 세습무가 많다고 할 수 있겠다.

우리가 자칫 놓치고 있는 우리 지역의 무형유산 중 빠트려서는 안될 것이 '동해안별신굿'이다. 포항에서 불렸던 농요나 월월이청청 같은 노래는 일반인들이 삶 속에서 불렀다면 별신굿은 전문 예인들이 행했던 예술이다. 전문적인 직업무당인데, 신내림을 받은 강신무가 아니라 무당인 부모로부터 노래와 음악을 익힌 세습무이다. 그래서 전문 예인이라고 말할 수 있다.

별신굿은 동해안과 남해안에서 불려지며 서해안과 제주도 바닷가에서도 다양한 이름의 풍어제가 행해졌다. 별신이라는 말은 풍어를 기원하는 제사의 의미가 강하다. 마을의 무사와 풍농, 여행자의 사고 방지는 물론, 마을 사람들의 화해와 소통 등 마을공동체의 안녕을 기원하다보니 유교식의 마을 동제보다도 연희성과 오락성이 더해져 자유분방한 마을 축제의 성격이 강하다.

동해안별신굿은 강원도 거진에서부터 부산 동래까지 100개가 넘는 어촌마을에서 행해져왔다. 그런데 유독 포항의 문화유산에 동해안별신굿을 포함시키는 이유는, 그 별신굿을 행하는 무속인의 집안의 중심이 포항이었기 때문이다.

3대째 김해김씨 무계 3형제.
좌로부터 김재출, 김호출, 김석출

앞서 언급했듯이 별신굿은 전문 예인집단인 세습무가 한다. 그중 가장 유명했던 이가 김해김씨 무계의 김석출이다. 동해안별신굿이 1985년에 국가무형문화재로 지정을 받았을 때 김석출은 기능보유자가 되었다. 흔히 인간문화재가 되었다고 한다. 조부인 김천득에서부터 부친인 김성수, 그리고 삼형제인 김호출, 김석출, 김재출 모두 고향이 포항이다. 현재 생존해 있는 인간문화재 김영희는 김석출의 장녀로 포항 남빈동에서 태어났다.

김석출이 2005년 작고를 한 후에는 김석출의 조카인 김용택 (김호출의 아들)이 인간문화재로 인정을 받아 전통을 잇게 되는데 김용택은 고향이 포항 환호동이다. 하지만 어촌 환경도 변화가 많이 생긴 만큼 별신굿은 예전처럼의 연희형태로 전승되기는 힘들어지게 되었다. 또 예술로서의 가치보다는 굿이라든지 무당이라든지 하는 미신적인 걸로 치부하다 보니 소중한 걸 많이 잃은 면도 있다. 가까운 일본 같은 경우는 몇 대째 가부끼[歌舞技]라든지 그들 전통을 대를 이어서 하는 집안에 대한 평가가 우리랑은 사뭇 다르다는 점도 한번 생각해볼 필요가 있다고 여겨진다.

김석출 또 그의 딸 김영희, 그의 조카 김용택, 이들의 고향이 다 포항인데도 아이러니한 것은 동해안별신굿이 부산 기장에 근거지를 두고 있다는 점이다. 이유야 있겠지만 안타깝지 않을 수 없다. 동해안별신굿이 해양문화도시를 꿈꾸는 포항과 맞아떨어지는 점은 여러 가지가 있다. 별신굿은 화려한 타악 장단에 그 매력이 있다. 특히 바닷가에서 행해지다보니까 꽹과리같은 쇠로 만든 타악기가 중심이 된다. 우리 포항이 또 제철 도시

1980년 포항 환여동에서 연행된 동해안별신굿. 포항 환호동이 고향인 김용택과
구룡포 큰 무당인 정채란의 모습이 보인다.(사진. 이도윤)

이지 않나. 해마다 여름이면 재즈 페스티벌도 열리는 곳이 포항이다. 실제로 이미 서울의 공연장에서는 동해안별신굿을 소재로 한 여러 공연들이 연극에서, 또 재즈와 협연에서 많이 이루어졌지만 본 고장인 포항에서만큼은 잘 못 살리는 것 같아 아쉽기 그지없다. 심지어 포항에 전수관이라든지 기념관 등 동해안별신굿을 알 수 있는 그 어느 흔적도 없다. 포항 대도동이 집이었던 인간문화재 김용택도 얼마 전 작고하였다. 그 다음으로 동해안 별신굿을 이끌어야 할, 구룡포 큰 무당 정채란의 아들 김정희(김재출의 아들) 또한 갑자기 세상을 떠나고 말았다. 무형문화재는 유형문화재와 달라서 사람이 없어지면 사라진다. 그런 면에서 좀 더 우리가 관심을 갖고 보존하고 포항의 자산으로 살려야 하지 않을까하고 바래본다.

철

이전에

돌이

있었다

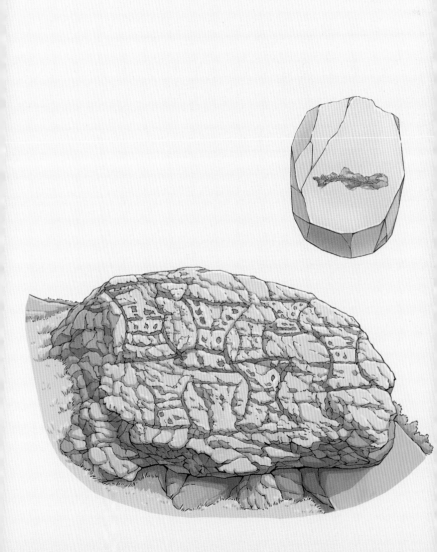

어떤 설문에서 포항하면 제일 먼저 떠올리는 것으로 포항제철을 답한 사람이 가장 많았던 기억이 있다. 그렇다. 시립미술관 이름도 '스틸아트 뮤지엄'이고 축구단 이름도 '스틸러스'일 만큼 포항은 제철도시이다. 포항제철이 설립된 것이 1968년이고 포항에서 첫 쇳물을 만들어 낸 것이 1972년이니까 50년의 세월이, 현재를 살아가는 우리들에게 강하게 각인된 건 어쩌면 당연한 일이다. 하지만 포항제철이 설립되기 훨씬 전부터 포항은 지리적인 특징을 갖고 포항만의 역사를 가져왔다. 그곳에 사람이 살았으며 자연스레 그들의 문화를 만들어왔다.

젊은 땅, 포항

삼정리 주상절리 | 오도 | 내륙에서 발견되는 주상절리 | 화석박물관

삼정리 주상절리

우리나라 지각의 43%가 시·원생대라는 지질시대에 만들어진 오래된 땅이다. 시·원생대는 46억 년 지구 역사에서 40억 년 이상을 차지했던 긴 지질시대다. 그런데 포항은 2,300만 년 전부터 퇴적된 신생대 제3기 층이 분포한다. 지구의 나이 46억 살에 비해 포항의 나이는 1억 살의 반의반도 안 되는 0.23억 살이라고 보면 얼마나 젊은지 상상이 될듯하다. 이런 신생대 제3기 층이 우리나라 전체면적의 4.8%밖에 되지 않는다고 한다. 심지어 신생대 제3기보다 더 젊은 신생대 제4기(약 250만 년 전부터 우리가 살고 있는 현재까지의 지질시대)에도 땅이 형성되었다고 하니 포항은 특별한 땅이다.[16]

신생대 제3기 마이오세(Miocene Epoch)라는 지질시대에 지각의 당기는 힘으로 동해가 만들어졌다. 동해 탄생의 영향으로 포

---

16 민석규, 〈지형학으로 본 포항의 지리적 입지〉, 『2021 포항학아카데미』, 도서출판 나루, 2021

삼정 1리 주상절리

항의 지각이 갈라져 낮아지게 되고 여기에 토사가 퇴적되어 퇴적암이 만들어졌기 때문에 지질학에서는 포항분지라고 부른다. 분지는 산으로 둘러싸인 평야를 가리키는 말로, 분지를 둘러싼 주변 산지보다 낮은 땅을 뜻한다. 포항분지는 해성층으로 알려져 있다. 얕은 바다에서 퇴적된 지층이라는 의미이다. 포항에서 떡돌이라고 부르는 돌이 신생대 제3기에 형성된 퇴적암이며 포항 두호동에는 조개 같은 바다 생물 화석이 많이 나온다. 두호동 화석산지는 '경북동해안 국가지질공원'에 포함되었다.

　동해가 열릴 때 장기도 포항처럼 지각이 갈라져 가라앉아 낮은 땅이 되고 퇴적층이 쌓이게 되었다. 지질학에서는 장기분지라고 부르며, 장기분지의 퇴적층이 포항분지 퇴적층보다 먼저

삼정섬 주상절리. 현무암 주상절리와 달리 유문암으로 만들어진 것이 특징이다

형성되었다. 뿐만 아니라, 장기분지는 포항분지보다 상대적으로
화산활동이 활발했었다. 화산활동과 관련된 퇴적암과 육지에 쌓
인 육성층 퇴적암이 대부분이어서 바다생물 화석이 거의 발견되
지 않고 있다. 화산활동과 관련된 독특한 지형이 장기면에서 구
룡포읍, 호미곶면, 동해면 임곡리에 이르는 호미반도 해안에 분
포한다. 구룡포읍 삼정리 바닷가에서 관찰되는 주상절리(柱狀節
理)가 신생대 제3기 화산활동으로 형성된 지형의 대표적인 사례
다. 마그마나 용암이 분출하여 냉각될 때에는 수축이 일어나서
틈이 생기게 된다. 이 틈을 절리(joint)라 하며 단면이 다각형 형
태를 가지는 길쭉한 기둥 모양의 절리를 주상절리라고 한다. 구
룡포읍 삼정리는 삼정1리의 해안선에 발달한 주상절리 외에도

삼정2리에 있는 삼정섬에서도 주상절리가 관찰된다. 삼정섬의 주상절리는 다른 곳에서 발견되는 현무암 주상절리와 달리 유문암으로 만들어진 주상절리인 것이 큰 특징이다.

오도. 조물주가 정성을 들였으니

주상절리는 구룡포읍 삼정리를 비롯한 호미반도 뿐만 아니라 포항시 북구 흥해읍 오도리에서도 발견된다. 해안선에서 멀지 않아 헤엄쳐서도 갈 수 있는 거리에 있는 오도는 섬 모양이 까마귀 머리 같다고 오도(烏島)라고 이름 지어질 정도이니 섬 전체 색깔이 검은색이다. 수군만호진이 있던 칠포 바닷가 근처에 모양도 기이하고 색깔도 특이하여 오도와 관련하여 많은 시들이 남아 있다. 선조들이 주상절리를 알았는지는 알 수 없지만 기괴한 바위를 묘사한 표현은 지금에도 와닿는다.

'조물주가 큰 도끼로 정성을 들였으니' – 최기대(1750~1813)[17]
'신이 만든 것이 아니면 분명 하늘에서 왔으니, 나는 이를 보고자 작은

---

17 "化翁巨斧精神費" 권용호, 『포항한시』, 도서출판 나루, 2021, 420쪽

배를 띄우네.' - 이근오(1760~1834)[18]

'멀리서 보니 까마귀 무리 모인 듯하고, 가까이 보니 기이한 바위 모였음을 알겠네.' - 최승우(1770~1841)[19]

지금도 오도는 그때 그 모습 그대로 있다. 차이점이라면 섬 위에 등대가 세워져 있다는 점이다. 밤바다 어부들에게는 암초와 다름없으니 등대가 세워진 것은 당연한 일이라 하겠다. 고깃배에 부탁을 드려 섬 위에 올라 보았다. 해안가에서 볼 때는 하나의 바위섬 같았지만 가까이 가보니 3개의 섬으로 이루어져 있다. 검은 돌기둥이 통나무 장작을 쌓아 놓은 듯 개나리봇짐을 포개놓은 듯 돌로써 빚어진 풍경이라고 믿기엔 너무나 신기했다. 또 해면에 수직 방향으로 굳어진 주상절리의 단면들은 벌집 모양처럼 그 어느 인공 타일보다도 정교해 보였다. 이렇게 수평으로 또 수직으로 주상절리가 발달해 있어서 오도는 주상절리 백화점 같다. 해안가에서 조금 떨어져 나온 섬이다 보니 오도에서 바라보는 바다 또한 더욱 시원해 보여 그 옛날 선조들이 이런 기분에 시를 읊조렸겠구나라는 생각이 들었다.

까마귀를 뜻하는 오도에서 400m 떨어진 곳에 작은 섬이 하나

---

18 "似非神造必由天, 吾欲觀之泛小船" 권용호, 같은 책, 422쪽
19 "遙看恰似群鴉集, 近楱方知怪石叢" 권용호, 같은 책, 423쪽

오도는 여러 방향의 주상절리를 관찰할 수 있어서 마치 주상절리 백화점 같다

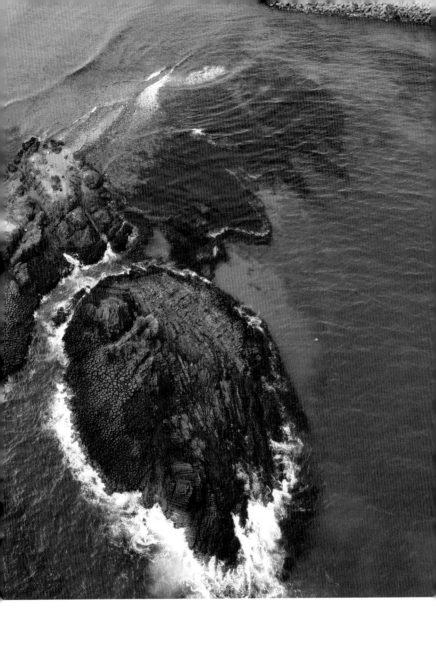

더 있다. 섬 이름 '작도(鵲島)'. 큰 섬을 까마귀라고 했으니 작은 섬을 까치라고 이름 붙인 게 재미있다. 둘을 합치면 오작교가 되니 칠월 칠석에 오도 간이 해수욕장에 와서 오도와 작도를 볼 일이다.

> 섬 위에 우는 까치가 있었는데
>
> 언제 날아가고 이곳에 이름만 남겼나
>
> (중략)
>
> 까마귀 와서 나란히 나는 것 실로 무슨 뜻인가
>
> 직녀가 오작교를 건너길 기다리는 것이라네
>
> – 박승동(1847~1922) 〈작도(鵲島)〉 중에서[20]

사실 오도에 오르는 방법이 마땅치가 않다. 해안가에서 봐서는 주상절리를 확인할 수 없으니 오도의 진면목을 보려면 섬 위에 올라가서 봐야 한다. 포항시에서는 지난 2020년에 '흥해 오도 주상절리 탐방로 조성' 기본계획 및 타당성 조사 용역을 하였다. 자연 경관을 해치지 않고 오도의 주상절리를 감상할 수 있는 탐방로로 아이디어가 모아지길 기대한다. 그래서 포항의 문화유산이 더 돋보일 수 있게 되길 바란다.

---

20 권용호, 같은 책, 428쪽

오도와 작도

내륙에서 발견되는 주상절리

주상절리는 바닷가가 아닌 내륙에서도 발견된다. 광주 무등산의 서석대, 입석대도 유명한 주상절리이다. 다만 이들은 중생대 화산암에 발달한 주상절리이다. 포항지역 내륙에서 확인되는 주상절리는 동해면 상정리, 장기면 창지리를 비롯해서 장기면 학계리의 뇌성산 그리고 연일읍 달전리 등에 있다. 이들은 모두 신

장기면 창지리 주상절리. 바닷가가 아닌 내륙에서도 주상절리가 발견된다.

생대 제3기 화산암의 주상절리들이다. 호미반도 안에 놓여진 임도를 따라 비포장 도로를 가다보면 동해면 상정리에서 넓은 폭의 돌로 된 절벽을 발견하게 되는데 돌들이 기둥모양으로 갈라져 있다. 도로 표면에는 길을 내면서 깎여졌는지 다각형의 주상절리 단면을 확인할 수 있다. 장기면 창지리 주상절리는 폐교된 장기초등학교 봉산 분교 옆으로 난 도로를 따라 들어가면 새밭골이라고 하는 자연부락에 위치해 있다. 산 전체가 주상절리로 이루어진 만큼 규모가 대단하다. 단단한 현무암인데다 돌과 돌 사이에 틈이 벌어져 있으니 채석하는 입장에서는 편리했던지 최근까지도 채석장으로 사용되어 많이 파괴된 상태여서 웅장한 원형은 어땠을지 자못 궁금하다. 장기면 학계리의 뇌성산 뇌록산지는 천연기념물로 지정받은 곳이다. 우리나라 고건축에 사용되는 전통 안료의 재료가 되는 뇌록이 돌 틈 사이에서 발견되는데, 돌이 결국 주상절리이기 때문에 가능한 이야기이다. 주상절리의 틈 사이로 초록색의 뇌록이 끼어있는 모습을 지금도 확인할 수 있다. 천연기념물로 지정된 주상절리는 달전리에 있는 주상절리이다. 높이 20m, 폭이 약 100m 정도 규모의 암벽을 이루고 있어 돌로 된 거대한 폭포를 보는 듯한 위용을 느낄 수 있다. 지난 2000년에 천연기념물로 지정되었는데 시간이 지남에 따라 마모가 벌써 많이 된 듯하여 아쉽다.

포항의 천연기념물

● 포항 발산리 모감주나무와 병아리꽃나무 군락
1992. 12. 23. 지정

모감주나무는 여름철 노란 꽃을 피워서 서양에서는 '황금비 내리는 나무(golden rain tree)'라고 부른다고 한다. 꽃이 지고 나면 세모꼴 초롱 모양의 열매가 점차 부푸는데 그 연한 초록색이 꽃만큼 예쁘다. 가을에는 열매에서 윤기가 흐르는 새까만 씨앗이 나온다. 염주의 재료로도 사용되어서 모감주나무를 일명 염주나무라고도 부른다.

그 이름만큼이나 귀엽고 여린 기운을 지닌 병아리꽃나무는 하얗고 소담한 네 장의 꽃잎과 주름진 진녹색의 잎을 지녔다. 키가 작고 밑동에 가지가 많은 나무이기에 작은 새나 곤충의 보금자리이면서 큰 나무들이 바람에 부러지는 것을 막는 역할을 한다. 이렇게 발산리의 모감주나무와 병아리꽃나무 군락지는 현재까지 한반도에 알려진 모감주나무 군락지 중에서 그 크기와 면적, 개체 수가 가장 크고 많은 곳이라서 병아리꽃나무와 함께 천연기념물로 지정받아 보호받고 있다.

● 포항 달전리 주상절리

2000. 4. 28. 지정

주상절리는 주로 현무암과 같은 화산암에서 형성되는 육각
기둥 모양의 돌기둥을 의미한다. 달전리 주상절리는 높이 약
20m, 길이 약 100m의 큰 규모를 가진다. 뚜렷한 육각기둥이
잘 발달한 이곳에서는 용암이 식어 주상절리가 되는 과정을 확
인할 수 있다. 또한 달전리 주상절리의 현무암은 한반도와 붙어
있던 일본이 잡아당기는 힘으로 떨어져 나가면서 동해가 형성되
었을 때 만들어졌다. 잡아당기는 힘은 이곳 달전리에도 영향을
주어 땅이 벌어지게 되었고, 벌어진 틈을 따라 땅 속 깊은 곳에
있던 마그마가 솟아오르면서 일어난 화산활동으로 현무암이 만
들어진 것이다. 따라서 달전리 주상절리는 주상절리 그 자체뿐
만 아니라 동해열림의 환경을 알려준다는 점에서 지질학적 가치
가 높다.[21]

---

21 네이버 지식백과 참조

● 포항 북송리 북천수

2006. 3. 28. 지정

포항시 흥해읍 북송리와 마산리 일원의 북천(北川)을 따라 조성된 소나무숲이다.

흥해읍성을 중심으로 북서쪽에서 동쪽으로 흐르던 강물을 북천이라 했으며 지금은 곡강천이라 부르고 있다. 북천은 여름에 큰비가 오면 물이 넘쳤고 겨울에는 북쪽에서 강한 해풍이 불어와서 농작물의 피해가 막심했다. 조선 철종 때 이득강(李得江)이 1802년 흥해 군수에 부임하여 홍수와 해풍의 피해를 막고자 읍민들을 동원해 북천수를 조성했다. 이득강 군수 이후 지홍관이라는 군수 때에도 추가로 나무를 심어 폭 400m, 길이 4km에 달하는 거대한 숲을 이뤘다고 한다. 하지만 현재 나무들의 상당수는 광복 직후에 새로 심은 게 많으며, 숲의 규모는 길이가 1,870m, 너비가 70m로 줄어든 상태이다. 우리나라에서 세 번째로 긴 소나무 숲길로 많은 사람들에게 운동과 힐링의 공간으로 사랑받고 있다.

● 포항 뇌성산 뇌록산지

2013. 12. 16. 지정

이 지역 일대는 신생대 마이오세에 한반도 동남부 지역에서 일어난 화산활동으로부터 기원한 염기성 화산암이 분포하는 지역으로, 뇌록산지에는 여러 방향의 주상절리가 발달한 현무암이 노출되어 있다. 이 지역은 동국여지승람(1486)에서 뇌록(磊綠)으로 표기된 천연 안료인 녹토가 채취된 지역으로, 과거 이 지역에서 녹토가 채취되었음을 말해주는 채굴 흔적이 폐석더미와 함께 남아있다. 국내에서는 뇌록을 사찰 벽화나 단청의 바탕칠에 사용한 것으로 알려져 있으며, 이 지역은 남한 내 유일한 뇌록 산출지이다. 이 지역의 뇌록은 현무암 내의 균열과 간극을 따라 나타나며, 뇌록을 구성하는 주 광물은 철분이 풍부한 운모류 광물의 일종인 셀라도나이트(celadonite)이다. 지질광물학적으로 뇌록을 구성하는 광물의 산출은 국내에서는 희귀성을 가지며, 이 광물의 산상과 생성기원은 신생대 동안의 한반도 지각진화 이해에 유용한 단서를 제공할 수 있다.

● 포항 흥해향교 이팝나무 군락

2020. 12. 7. 지정

흥해향교는 조선 태조 7년(1398)에 건립되었다고 전해지나 정확한 창건연대는 알 수 없다. 예전부터 향교가 있어서 이곳 사람들은 향교산이라 불렀고 마을 이름을 따서 옥성 마을숲이라 불렀다. 수종은 34그루의 이팝나무가 상수리나무와 섞여서 군락을 이루고 있다.

꽃 모양이 사발에 소복이 쌓인 쌀밥처럼 보여서 이밥나무라고 하던 것이 이팝나무가 되었다고도 하고 또 꽃 피는 시기가 입하(立夏) 전후여서 '입하나무'로 부르다가 이팝나무로 변했다는 이야기도 있다. 이 군락은 향교 건립 때 심은 나무의 종자가 떨어져서 군락을 형성하였다고 하지만 정확하지 않다.

1975년에 경상북도기념물 제21호로 지정되었고 아름다운 경관은 물론 생물학적 자료로서의 가치도 인정되어 천연기념물로 지정하여 보호하고 있다.

● 포항 금광리 신생대 나무화석

2023. 1. 27. 지정

2023년 1월 27일 「포항 금광리 신생대 나무화석」이 국가지정문화재(천연기념물)로 지정되었다. 문화재청이 밝힌 지정 사유는, 국내에서 보고된 나무화석 중 가장 크고(높이 10.2m×폭 0.9~1.3m×두께 0.3m) 다수의 옹이구조를 포함하여 원형이 잘 보존되어 있으며, 표면부에서부터 중심부로 갈수록 화석화의 정도가 달라 목재의 화석화 과정을 잘 보여준다고 한다.

또 신생대 당시의 식물상 및 퇴적환경 등을 알 수 있는 중요한 자료이며, 대형 목재의 외형을 잘 간직한 우리나라 최대 규모 나무화석으로 학술적, 대표적 가치가 매우 높다고 하였다.[22]

「포항 금광리 신생대 나무화석」은 현재 대전광역시에 위치한 천연기념물센터에 있다.

---

22 문화재청공고 제2022-369호

포항은 화석박물관

앞서 살펴보았듯이 포항 금광리 신생대 나무화석이 천연기념물로 지정되었다.

우리나라에서 보고된 나무화석 중에는 최대 크기로 높이가 무려 10m에 달한다. 국가문화재로 지정되니 뒤늦게 귀한가보다 하지만 포항은 화석이 흔했다. 어릴 때 뒷동산에만 올라도 푸석푸석한 돌들이 깨지면서 밝은 갈색 돌 단면에 진한 갈색의 화석들이 쉽게 보였다. 나뭇잎도 보였고 곤충같이 생긴 것도 보였던 기억이 난다.

두호동 화석산지는 2017년에 경북동해안 국가지질공원으로 지정되기도 하였다. 하지만 그뿐이었다. 포항시민들은 관심을 갖지 못했고 그것이 귀한지도 몰랐다.

몇 년 전 신문에 실린 내용[23]은 지금 읽어봐도 포항시민을 부끄럽게 만든다. 내용을 살펴보자.

'포항은 누군가에게 동해안, 포스코, 호미곶, 과메기, 물회 또는 지진 등을 떠올리게 하겠지만, 내게 포항은 우리나라 최고의 신생대 퇴적층이 발달하여 매우 다양한 화석이 산출되는 곳이

---

23 「포항은 풍부한 육해공 화석 산지... 보존대책 마련해야」 한겨레신문, 2018년 9월 19일

다. 게다가 바다에서 퇴적된 지층이라, 바다에 살던 생물뿐만 아니라 육지에서 살다가 강물에 쓸려 바다로 흘러가 함께 퇴적된 육상 생물의 화석이 함께 발견되는 특이한 곳이다.' 대전과학고등학교에서 지구과학을 가르치는 남기수 선생님은 고생물학 연구자로 포항의 화석을 포항사람보다 더 자주 찾는다. 아니, 포항 지역에 사는 사람들의 대다수는 포항에서 화석이 발견된다는 사실을 전혀 모르거나 화석이 얼마나 가치 있는지를 모를 것이다. 포항의 바닷가 절벽 아래에서 망치로 화석을 발굴할 때는 산책하는 사람들이 오히려 그를 이상하게 여겼을지 모른다. 그는 화석이 담긴 암석 조각들이 마구 버려지고 있어 안타까운 마음에 신문에 기고를 하였다.

'화석은 자연이 인간에게 준 많은 선물 중 하나이다. 포항은 이미 수천 년 전 자연이 공짜로 인류에게 물려준 지층과 화석을 품고 있다. 신생대의 바닷가 환경 덕분에 포항의 지층에는 바다에 살던 생물, 육지에 살던 생물, 그리고 하늘을 날던 곤충과 새 등의 화석이 함께 발견된다. 대부분의 지층에서는 육지에 살던 생물만 발견되거나 바다에 살던 생물만 발견된다. 포항의 화석군은 육, 해, 공에서 서식하던 생물이 함께 발견되는, 세계적으로 매우 특이한 경우이다.'

우리나라에서 멸종한 것으로 알려졌던 메타세쾅이어 화석이 발견된 곳도 포항이다.

뿐만 아니라 포항은 나뭇잎 화석 이외에 나무 줄기 모양을 그대로 간직한 규화목이나 탄화목이 발견된다. 포항은 '세계적으로 보존해야 할 중요한 화석 산지'이다.

그는 포항에 신생대 화석을 직접 찾고 관찰할 수 있는 체험형 박물관이 지어진다면 포항은 유명한 지질명소가 될 것이라고 강조한다. 하지만 두호동 화석산지는 풍화에 약한 이암이다 보니 두호동 해안가는 늘 암석이 흘러내리는 위험이 있었다. 안타깝게도 얼마 전 두호동 해안절벽은 암석을 깎아 내어 경사를 완만히 하고 흙이 흘러 내리지 않도록 암벽을 덮어버려 지금은 그런 퇴적층을 관찰할 수가 없다.

두호동 화석산지. 흙이 흘러 내리지 않도록 암벽을 덮어버려 퇴적층을 관찰할 수가 없다.

선사시대 유적

암각화의 고장 영일만 | 청동기시대 유적 고인돌

암각화의 고장 영일만

해안지형에서 바다 해안선이 내륙으로 움푹 들어간 곳을 만(灣)이라고 한다. 만은 상대적으로 양쪽에 돌출한 내륙 끝점이 생기게 되는데 이를 곶(串)이라고 한다. 만의 양옆으로 곶이 생긴다. 영일만의 남쪽 끝점이 호미곶이 되는 식이다. 그렇다면 영일만의 북쪽 끝점은 어디일까.

사실 영일만이라는 지명이 문헌에 처음 등장한 것은 1884년 6월 29일 군함 운요(雲陽)호가 영일만에 반나절 정도 입항하였다는 보고서일 것으로 추정된다.[24] 이후 1910년 5월 농상공부 수산국에서 편찬한 『한국수산지(韓國水産誌) 제2집』에서는 영일군의 동외곶(冬外串)을 일러 "일본인은 이를 '米か鼻'라고 부르며, 흥해군 달만갑(達萬岬)과 상대하여 큰 만(灣)을 이뤄 이를 영일만(迎日灣)이라고 칭한다."고 나온다. '동외곶'은 한때 '장기갑'이라고도 불렸

---

24 일본 아시아역사자료센터 소장, 朝鮮理事誌(正本)3 自明治八年二月至同年十一月四日, p43

던 '호미곶'을 가리키지만 '달만갑'은 현재 지명이 없어서 정확히 알 수가 없다. 현재 영일만을 호미곶과 흥해읍 용한리 용덕곶 사이를 지칭하는 것으로 보아 달만갑 또한 비슷한 위치라고 추정이 된다.

영일만을 사이에 두고 호미곶과 대칭이 되는 흥해읍 일대는 요즘 젊은이들 사이에 인기가 높다. 용한리 해안가는 긴 해안선을 따라 높은 파도가 이어져 서핑하는 이들에겐 천국이라고 불릴 정도이다. 용한리와 맞닿은 칠포리 곤륜산(崑崙山) 정상은 패러글라이딩 활공장이 만들어져 탁 트인 바다가 보이는 전망으로 인해 사진 찍기 명소로 사람들의 발길이 끊이지 않는다.

최근 유명해지기 전까지 곤륜산은 현지인들에게도 익숙한 이름이 아니었다. 문헌에서는 고령산(孤靈山 혹은 高靈山)[25]으로 나오는데, 고령군에서 날아왔다 하여 해마다 세금 20냥을 고령군에게 바쳤다는 재밌는 이야기가 전해지는 산이다.[26] 곤륜산이 있는 칠포리는 조선시대 수군만호진(水軍萬戶鎭)이 있던 군사 요충지이기도 하였다. 조선시대 경상도의 동쪽은 경상좌수영에서 맡았다. 낙동강 동쪽부터 지금의 영덕까지를 관할하였으며 경상좌수영은

---

25 『신증동국여지승람』(1530)에는 孤靈山, 『경상도읍지』(1831)에는 高靈山으로 나온다.

26 한국지명총람(1973)

곤륜산 활공장(사진. 최창호)

부산포에 본영을 두고 아래로는 총 11개의 진을 관리하였다. 현재 장기면 모포리인 '포이포'와 포항시 북구 두호동인 '통양포'가 11개 진에 속해 있었다. 세조 때 통양포에서 칠포로 진을 옮겼으며 임진왜란 이후 경상좌수영의 관할구역이 부산과 울산 사이로 축소되고 총 7개의 진(부산포, 다대포, 두모포, 개운포, 포이포, 서평포, 서생포)으로 조정되면서 칠포에 있던 수군진도 부산지역으로 이동하게 되었다.

역사적 기록이 이루어지기 이전인 선사시대에도 칠포리를 중심으로 영일만 지역 일대는 사람이 살고 있었을 뿐 아니라 문화

포항 칠포리 암각화(사진. 안성용)

가 발달하였다는 사실을 연이은 암각화의 발견으로 알게 되었다. 그림이나 기호의 의미를 수천 년이 지난 오늘날에 정확히 이해한다는 것은 불가능하겠지만 신앙과 관련이 되든, 생활 양식과 관련이 되든 표현하고 싶은 것을 바위에 결과물로 남긴 것은 예술 활동으로 보아도 충분하다고 본다.

암각화가 우리나라에 처음 발견된 것은 1970년 12월 울산 천전리 암각화(국보 제147호. 지정명 : 울주 천전리 각석)이다. 1971년 2월에는 고령 장기리 암각화가 발견되었고 그해 12월에는 울산 대곡리 반구대 암각화(국보 제285호)가 발견되었다. 포항은 1984년 7월에 기계면 인비리에서 암각화가 처음 발견된 이후 1989년에는 흥해읍 칠포리(경상북도 유형문화재 제249호)에서, 2017년 1월에는 동해면 신정리에서 암각화가 발견되었다. 이들 암각화는 청동기시대 중·후기를 중심 시기로 하고 있으며 그 외 철기시대 초기 유적으로 청하면 신흥리 오줌바위, 동해면 석리 암각화 그리고 삼국시대 고분에서 나온 흥해읍 대련리 암각화가 있다.[27] 특히 칠포리의 암각화는 처음 발견 이후 4년간 조사가 이루어진 결과 곤륜산 주변 계곡과 상두들, 농발재 등에서 발견되어 암각화군(岩刻畵群)으로 우리나라 암각화 유적에서 가장 넓은

---

27   이하우, 〈한반도 선사 문화의 원형으로서 칠포리 암각화〉, 2021포항문화포럼 『영일만 선사문화와 암각화』 발표자료집, 32-55쪽

공간에 분포하게 되었다. 또한 영일만 일대를 암각화의 고장이라고 불러도 손색이 없을 만큼 수적으로도 상당히 많아 암각화가 영일만 지역의 문화적 특성이 될 수 있다고 본다.

하지만 암각화에 대한 인식은 많이 부족한 것이 사실이다. 2019년 10월 13일 포항에서 열린 '포항 칠포리 암각화군 발견 30주년 기념학술대회'에 마침 시민 청중으로 참석하였다. 발표를 맡은 전문가들의 포항 지자체 무관심 성토에 낯뜨거웠다. 학자들은 어떤 노력을 기울였느냐는 반문도 들었지만 시민들에게 알리는 일까지 그들에게 요구할 수는 없는 노릇이었다. 영일만이 암각화의 고장이고 우리 지역의 문화적 특성이 되려면 그만큼 교육, 홍보가 뒤따라야 하는 일이다. 울산의 경우를 놓고 보면 더욱 창피해진다. 암각화로 국보 2점이 지정된 이유도 있겠지만 암각화박물관이 있는 곳도 울산이다. 더 나아가서, 국보로 지정된 울산 대곡천 암각화군은 지난 2010년 유네스코 세계유산 잠정목록으로 등록해놓은 상태이다. 그렇다면 포항 영일만의 암각화는 어떻게 발전해 나가야 할 것인가. 같은 날 학술대회에서 발표한 박진재라는 분의 제안은 가능만 하다면 좋은 제안으로 생각한다.[28] 그는 발표에서, 이미 유네스코 세계유산 잠정목록으로 등

---

28 박진재, 〈세계유산의 이해와 연속유산으로의 암각화〉, 2019 포항칠포리 암각화군 발견 30주년 기념학술대회 『영일만의 선사문화와 암각화』 발표자료집, 61-75쪽

록된 대곡천 암각화군과 영일만 일대의 암각화 유산을 연계하여 유네스코 세계유산으로 등재할 수 있을지를 살펴보았다. 2019년 현재 유네스코 세계유산은 총 1,121건이다. 우리나라도 1995년 세계유산 등재를 시작으로 현재까지 14건의 세계유산을 보유하고 있다. 이중 단일유산은 4건, 연속유산은 10건이다. 연속유산의 뜻은 유산구역이 둘 이상으로 구성된 유산을 말한다. 가령 석굴암과 불국사가 함께 하나의 문화유산으로 1995년에 등재되었다. 또 포항과 가까운 양동마을은 하회마을과 함께 '한국의 역사마을'이라는 이름으로 묶여 세계유산으로 2010년에 등재되었다. 가장 최근인 2019년에 등재된 '한국의 서원'도 도산서원을 비롯한 9개의 서원을 구성요소로 한 연속유산으로 등재된 경우이다. 점차 등재 대상이 단일유산에서 연속유산으로 등재 추이가 변하고 있음을 알 수 있다. 암각화 또한 연속유산으로 볼 수 있지 않을까. 칠포리 암각화군을 이미 등록된 대곡천 암각화군과 함께 확장된 연속유산으로 접근할 수 있는지 검토가 필요하다고 본다. 이는 암각화라는 문화유산을 지역 특성화로 내세우려는 목적보다, 암각화를 효과적으로 보호할 수 있는 최고의 수단이 될 것이다. 고창과 화순 그리고 강화에 있는 고인돌 유적들을 연속유산으로 해서 '고창·화순·강화의 고인돌 유적'이 2000년에 세계유산으로 등재된 경우가 좋은 예가 될 것이다.

청동기시대 유적, 고인돌

앞서 '고창·화순·강화 고인돌 유적'이 2000년에 세계문화유
산으로 등재되었다고 했다. 우리나라는 고인돌(支石墓, dolmen)
의 수와 밀집분포에 있어 세계적으로 최고 수준이라 한다. 전 세
계에 6만 기 정도가 있고, 그중 약 4만 기가 한반도에 분포한다.
우리나라 고인돌은 전라남도에 거의 2만여 기가 집중적으로 분
포한다. 경상북도는 2,800기 정도라고 하는데 영일만 일대와 포
항 내륙지역에도 고인돌이 많이 발견된다.

1926년 조선총독부에서 촬영한 유리건판 사진 중에는 창주
면 강사리(현재 호미곶면 강사리) 최대 지석묘(支石墓)를 찍은 사진
이 있다. 사진에는 고인돌 옆에 사람이 서 있어서 고인돌이 얼
마나 큰지 비교가 된다. 1935년 일제에 의해 쓰여진 『浦項誌』[29]
에도 포항 주변 유적으로 고인돌군(dolmen群)을 소개하고 있다.
'창주면 강사리에서 동쪽으로 약 15리(한국 기준) 거리에 있는 대
보리까지 띄엄띄엄 흩어져 있다. 농경을 위해 파괴되기도 했지
만 현재 40개는 완전한 상태다. 총독부의 조사에 따르면 조선
남부에서는 대표적인 고인돌군으로, 석기시대부터 이 지역에 주

---

29 田中正之助, 加納安正 공저. 포항지역학연구회 연구위원 김진홍은 『浦項誌』를 번
    역하여 『일제의 특별한 식민지 포항』(글항아리, 2020)을 발간하였다.

포항강사리최대지석묘(1926)

민이 거주하고 있었음을 말해주는 유일한 증거다.'[30]

　책에서는 석기시대를 언급하고 있지만 고인돌은 청동기시대에 성행하여 초기 철기시대까지 존속한 거석문화(巨石文化)의 일종이다. 거석문화는 고인돌처럼 거대한 돌을 이용하여 무덤이나 상징물을 만드는 것을 말한다. 땅 위와 밑에 무덤방[墓室]을 만들고 그 위에 거대한 덮개돌[上石]을 덮은 고인돌은 거석문화를

30　김진홍, 『일제의 특별한 식민지 포항』, 글항아리, 2020, 439쪽

포항강사리최대지석묘(2022)

대표하는 유적이다.

　100여 년 전 사진에서 확인되는 강사리 고인돌은 지금도 그 자리 그대로 위치하고 있다. 구룡포 석병리에서 호미곶면 강사리로 가는 옛 도로에서 학삼교라는 다리를 건너면 길가에서도 보인다. 하지만 눈여겨보지 않으면 그냥 지나쳐버릴 만큼 주변에 민가도 들어서고 나무와 풀도 자라있다. 또 구룡포에서 호미곶으로 4차선의 929번 도로가 나면서 강사교 큰 다리가 생겨 100년 전 사진의 고인돌 주변을 상상하다가는 발견하기가 어렵다. 도로변에 찾기 쉬운 이정표 하나 없는 것이 청동기시대 유적을 대하는 대접치고는 옹색하다.

흔히 고인돌 하면 'ㅠ'자 모양을 떠올리게 된다. 탁자 다리의 역할처럼 보이는 받침돌의 밑둥을 지하에 파묻고, 그 위에 덮개돌을 잘 다듬어 얹어 탁자 모양을 띤다 해서 '탁자식(卓子式) 고인돌'이라고 한다. 유네스코 세계유산으로 지정된 강화도의 고인돌 유적이 대표적인 탁자식 고인돌이다. 그와 달리 지하에 무덤방을 만들고 받침돌 4개에서 8개 위에 거대한 덮개돌을 올린 형태의 고인돌도 있다. 모양이 바둑판과 비슷하다 해서 '바둑판식 고인돌(기반식 고인돌, 基盤式支石墓)'이라고 한다. 예전에는 탁자식 고인돌을 '북방식 고인돌', 바둑판식 고인돌을 '남방식 고인돌'이라고도 불렀으나 남쪽에서도 탁자식 고인돌이 나타나는 등 요즈음은 잘 사용하지 않는다. 형태상 분류로는 강사리 고인돌은 받침돌 4개가 확인되는 바둑판식 고인돌이다.

남구에 강사리 고인돌이 있다면 북구에는 문성리 고인돌을 들고 싶다. 포항시 북구 기계면 문성리 논과 논 사이로 난 시골길 가에 있는 고인돌은 강사리 고인돌과 달리 주변이 넓은 들판이다. 가로 5m에 높이가 어른 키 두 배가 넘는 4m에 가까운 육중한 크기의 문성리 고인돌은 거대한 직육면체 기둥처럼 일부러 깎아 만든 듯 단면이 직선적이다. 문성리 고인돌이 더 사랑스러워 보이는 것은 수령 200년 된 팽나무와 함께 서 있기 때문이다. 계절마다 다른 모습을 보이는, 생명을 가진 노거수와 함께 있어서 무생물의 고인돌이지만 왠지 편안한 느낌을 갖게 한다.

　문성리 고인돌이 있는 북구 기계면은 고인돌로 유명하다. 암각화가 포항에서 최초로 발견된 곳도 기계면 인비리 지석묘군에서이다. 기계천을 따라 31번 국도를 달려 인비교차로에서 기북 방면으로 방향을 틀면 왼쪽으로 논이 이어진다. 암각화가 새겨

기계면 문성리 고인돌. 수령 200년 된 팽나무와 함께 있어서 무생물의 고인돌이지만 왠지 편안한 느낌을 갖게한다.

진 인비리 고인돌은 길에서 보이는 논들 사이에 우두커니 서 있다. 이 또한 관심 없는 이에겐 그저 스쳐 지나갈 뿐 도로가에 표지판 하나 없긴 마찬가지이다. 차에서 내려 고인돌 가까이 가보면 멀리서 볼 때와 느낌이 다르다. 해 질 무렵 서쪽에서 비치는 남은 햇빛에 더욱 잘 보이는 바위에 새겨진 그림은 수천 년의 세월 동안 남아 있어서인지 신비롭기도 하고 시간의 무게를 느끼게끔 한다. 같은 기계면에 속한 성계리는 마을 곳곳에 고인돌을 발견할 수 있다. 마을 골목길을 걷다 보면 집 담장으로 사용된 고인돌도 있고 마을에서 기계 들판이 내려다보이는 솔뫼당 공원에도 고인돌이 보기 좋게 놓여있다. 마을 뒷산은 6·25전쟁 때 치열한 전투가 벌어졌던 어래산인데, 기계면 성계리에서 안강읍 노당리로 넘어가는 칠성재 고갯마루에도 고인돌들이 있다. 기계면 성계리는 발견된 고인돌만 17기가 있다.

앞서 살펴본 강사리는 호미반도에 위치한 바닷가 마을이라면 기계면은 현재 포항시 북구이지만 예전에는 경주부에 속했던 내륙지방이다. 그러니까 고인돌은 호미반도의 바닷가뿐만 아니라 포항 내륙까지도 고르게 분포하였음을 알 수 있다. 포항은 선사시대부터 사람이 살던 땅이었다.

국보로 지정된 두 개의 신라비

냉수리신라비 | 중성리신라비

신광면에서 발견된 포항냉수리신라비

고인돌의 고장 기계면과 북동쪽으로 맞닿은 곳이 포항시 북구 신광면이다. 신광면 또한 기계면과 마찬가지로 조선시대에는 경주부에 속했다.

경주지역에서 출발해 북쪽 동해안 일대로 이동한다면 안강, 기계를 거쳐 신광을 지나야 했을 거라 추측이 된다. 신광이라는 지명은 천년 이상이나 오래된 지명이다. 신라 진평왕(재위 579~632)때 일이다. 진평왕이 이곳에 하룻밤을 묵게 되었을 때, 그날 밤 비학산에서 밝은 빛줄기가 찬란하게 뻗쳐 나왔다. 이를 본 왕이 신령스러운 빛이라 하여 이 지역을 '신령스러운 빛', 신광(神光)이라 부르게 되었다고 한다. 이곳에서 발견 당시 기준 가장 오래된 신라비가 발견된 것은 그만큼 이 지역이 신라 때 사람들의 활동이 왕성했다고 보여진다. 포항냉수리신라비(국보 제264호)가 발견된 것은 1989년의 일이다. 당시 마을 주민이 밭갈이를 하던 중에 글자가 새겨진 돌을 발견하였다. 높이 60cm,

너비 70cm, 두께 30cm의 고르지 못한 네모꼴 화강암 자연석의 앞면과 뒷면, 그리고 윗면에 글씨를 새긴 3면 비이다. 앞면에 12행 152자, 뒷면에 7행 59자, 윗면에 5행 20자, 총 231자의 글자를 새겼다. 내용은 503년 무렵에 진이마촌에 사는 절거리와 미추, 사신지 등이 어떤 재물을 둘러싸고 서로 다투자, 지도로갈문왕(至都盧葛文王 : 지증왕)을 비롯한 7명의 왕들이 전세(前世) 2왕의 교시를 증거로 하여 진이마촌의 어떤 재물을 절거리의 소유로 결정하였다는 것으로 요약할 수 있다.[31]

이 비는 이전까지 알려지지 않았던 여러 가지 사실을 전하고 있다. 503년(지증왕 4년)에 건립된 것으로 보이는 이 비문에는 중국 문서에서 발견되는 신라의 옛 국명인 사라(斯羅)가 최초로 나오고 또 임금[지증왕]의 본명이 '지도로'라는 이름으로 나타나는 등 신라 상대(上代) 연구의 귀중한 자료로 평가되고 있다. 특히, 이 비는 국가에서 세운 비로 당시 신라의 정치, 경제, 사회, 문화의 여러 문제를 다루고 있으며 왕명을 다룬 초기 율령체제의 형태를 보여주고 있다.[32]

현재 포항냉수리신라비는 신광면 행정복지센터 앞마당에 전각을 지어 보관하고 있다. 지붕은 있다지만 비바람에 열악한 상

31 〈포항중성리신라비〉, 문화재청 국립경주문화재연구소, 2009, 45쪽
32 『우리 고장의 문화재』, 포항시, 2020, 12-3쪽

포항냉수리신라비(국보 제264호). 비바람에 열악한 상태여서 마모가 일어나는 자연석 국보를 이렇게 두어도 되나라는 의구심이 볼 때마다 생긴다.

태여서 마모가 일어나는 자연석 국보를 이렇게 두어도 되나라는 의구심이 볼 때마다 생긴다.

흥해읍에서 발견된 포항중성리신라비

신광면에서 포항냉수리신라비가 발견되기 전까지만 해도 가장 오래된 신라비는 1988년 울진군 봉평리에서 발견된 신라비였다. 추정연대는 524년(법흥왕 11)이다. 울진군 봉평리 신라비가 발견되고 1년이 지나서 포항냉수리신라비가 발견되면서 최고(最古)의 자리를 넘겨줘야 했다. 하지만 2009년 또다시 포항 흥해에서 최고(最古)의 신라비가 발견되었다.

흥해읍과 그 주변 지역에는 청동기시대부터 유적이 형성되기 시작하여 이후 성곽, 고분 유적이 다수 등장한다. 신라비가 발견된 흥해읍 중성리 167-1번지는 포항냉수리신라비가 발견된 신광면에서 동쪽으로 약 8~9km 떨어진 곳이다. 흥해 중앙교회 앞 공사 현장에서 발견한 비는 처음엔 집에서 넓은 돌로 사용하려고 옮겨 놓았다가 빗물에 돌이 씻겨지면서 글자가 드러나서 전문가들이 조사를 한 후 신라비로 밝혀졌다. 추정연대는 501년(지증왕 2)으로 현재까지 발견된 가장 오래된 신라비다. 비의

포항중성리신라비(국보 제318호)

재질은 흑운모가 포함된 화강암이며, 윗부분은 가장자리가 약간 파손되었고, 오른쪽에는 글자가 새겨진 일부분이 떨어져 나갔다. 비의 제원은 최대높이 105.6cm, 너비 47.6~49.4cm, 두께 13.8~14.7cm, 무게 115kg이며, 세로로 긴 형태이다. 글자는 앞면만 약간 다듬은 뒤에 새긴 것으로 추정된다. 반대쪽은 편평하지만 글자를 새기지 않았다. 비의 아래쪽에 20cm가량의 여백이 있고 밑바닥을 다듬지 않아서, 받침돌 없이 땅에 꽂아 세우려고 했던 것으로 짐작된다. 비의 글자는 전체 12행, 203자 정도이다. 비가 담고 있는 정확한 내용은 알 수 없으나, 501년 무렵 오늘날 포항시 흥해 또는 그 주변에 거주했던 지방민과 왕경인이 뒤섞인 분쟁의 판정 결과를 담은 것으로 추정된다. 그리고 이러한 사항을 지방민들에게 보여주고, 향후 비슷한 상황이 재발하지 않도록 돌에 새겨서 비를 세운 것이다. 즉 오늘날의 공고문이나 판결문과 비슷한 역할을 한 것이다.[33] 포항중성리신라비는 2015년 4월에 국보 제318호로 지정되었다. 현재 국립경주문화재연구소가 이 비를 보관하고 있어서 포항에서는 비석의 실물을 볼 수가 없다. 울진 봉평리 신라비가 울진에 비석박물관을 짓고 여러 비석들과 함께 보관 전시되고 있는 점과 비교해보면

---

33 〈포항중성리신라비〉, 국립경주문화재연구소, 2019, 8쪽

사뭇 다른 처지이다.

지금까지 살펴본 바처럼 포항제철로 유명한 포항이지만, 포항은 철 이전에 돌로 된 문화도 풍부하였다. 포항에 돌문화박물관이 만들어져도 전시할 내용이 차고 넘친다.

물의 도시

포항

강을 흔히 젖줄이라고 비유하는 것은 그만큼 강이 흐르는 곳에 생명이 깃들기 때문이다. 강이 흘러야 농업이든 어업이 가능할 테고 흐르는 강은 운송의 수단으로도 이용되었다. 문명의 발상지든 현재의 대도시치고 강을 끼지 않은 곳이 없다는 사실이 이를 증명한다. 그리고 강의 최종 목적지는 너른 바다이다. 바다를 품고 있는 도시에는 필연적으로 강을 안고 있으며 강을 통해 내륙으로, 바다를 통해 해양으로 나가는 역동적인 기질을 갖게 된다.

흥해 평야를 적시는 곡강

북천수 | 동해중부선 | 곡강서원 터 | 4해 4독 | 충비순량순절지연 | 칠포해수욕장

북천수(北川藪)

흥해읍은 주변이 산으로 둘러싸인 분지이다. 동쪽에는 곤륜산과 오봉산, 방목산, 서쪽에는 도음산과 고주산, 북쪽에는 낮은 구릉이 위치한다. 남쪽에는 소티재를 경계로 포항 북구의 우현동과 맞닿아 있다. 흥해 평야는 포항 지역에서 가장 큰 곡창 지대일 정도로 면적이 꽤 넓다. 또한 곡창 지대의 필수 조건인 강물이 두 갈래로 분지 중심을 흘렀다.

흥해읍성을 중심으로 북서쪽 신광면에서 동쪽으로 흐르던 강물을 북천(北川), 남서쪽 도음산에서 발원하여 동쪽으로 흐르던 강물을 남천(南川)이라 했으며, 남북의 두 하천이 흥안리에서 합류한 후 산 사이를 구불구불 곡류하는 하류 구간을 강 흐름 모양에 따라 곡강(曲江)이라 불렀다. 곡강은 흥해의 별칭이기도 하였다.

지금은 북천 전체를 곡강천이라 부르고 남천을 초곡천이라고 부르고 있다.

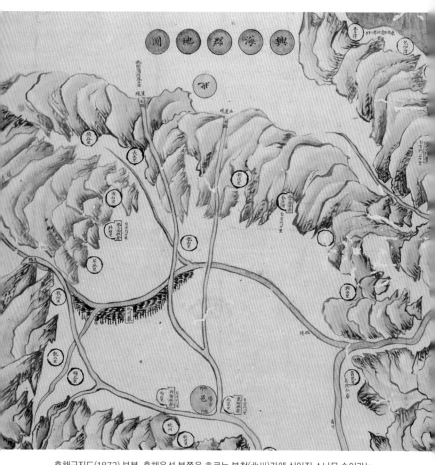

흥해군지도(1872) 부분. 흥해읍성 북쪽을 흐르는 북천(北川)가에 심어진 소나무 숲이라는
의미로 북천수(北川藪)라 한다.

북천의 이름은 흥해 북송리에 있는 북천수(北川藪)에 남아 있다. 북천 가에 심어진 소나무 숲이라는 의미이다. 북천은 여름에 큰비가 오면 물이 넘쳤고 겨울에는 북쪽에서 강한 해풍이 불어와서 농작물의 피해가 막심했다. 조선 철종 때 이득강(李得江)이 1802년 흥해 군수에 부임하여 홍수와 해풍의 피해를 막고자 읍민들을 동원해 북천수를 조성했다. 이득강 군수 이후 지홍관이라는 군수 때에도 추가로 나무를 심어 폭 400m, 길이 4km에 달하는 거대한 숲을 이뤘다고 한다. 현재 영일민속박물관 마당에 이득강과 3개의 지홍관 군수 송덕비가 전시되어 있다.

좌. 군수이공득강북천수유적비(郡守李公得江北川藪遺蹟碑)
우. 군수지공홍관청덕거사비(郡守池公弘寬淸德去思碑)

북천수의 규모는 얼마나 될까? 〈흥해읍지(興海邑誌)〉에 숲이 서쪽 백련사에서 동쪽 곡강까지 이른다는 기록이 있는 것으로 보아, 조성 당시 굉장히 길었던 것으로 보인다. 1938년에 이뤄진 조사[34]에서는 길이가 2,400m, 너비가 150m라고 보고되었다. 하지만 일제강점기 수탈을 겪는 동안 이곳의 아름드리 노송은 선박용 목재로 벌목이 됐고, 개인 경작지를 늘리면서 숲을 훼손하게 된 부분도 있다. 현재 나무들의 상당수는 광복 직후에 새로 심은 게 많으며, 숲의 규모는 길이가 1,870m, 너비가 70m로 줄어든 상태이다.

우리나라에서 세 번째로 긴 소나무 숲길인 북천수는 천연기념물로 지정되어 있다.

---

34 (사)생명의숲국민운동, 『역주 조선의 임수』, 지오북, 2007, 369쪽

동해중부선

북천수에서 곡강천을 따라 동쪽 하류로 2km 남짓 내려오면 곡강천생태공원이 조성되어 있다. 곡강천을 남북으로 건너는 인도교를 만날 수 있고, 눈여겨보아야 할 것은 다리 교각이다. 일제강점기 때, 개통하지 못했던 동해중부선의 흔적이 고스란히 남아 있다.

일제는 '조선철도 12년 계획(1927~1938)'이라는 책을 1927년에 발행한다. 12년 계획에는 국유철도 5개 노선을 신설하는 내용이 있는데 그중에 동해선이 포함되어 있다. 동해안을 따라 원산과 부산을 연결하여 석탄과 광물, 목재, 해산물을 반출시키는 목적으로 원산과 부산 양쪽에서 건설이 시작되었다. 그리고 포항이 속해 있던 사철 경동선(慶東線)을 국유화해서 동해선에 편입시키는 계획이었다.

경동선은 크게 대구~영천~경주~학산역(현재 포항 롯데백화점 위치)으로 이어지는 노선과, 중간에 서악(경주 부근)에서 갈라져 울산으로 가는 두 노선의 협궤 철도였다. 국유화 이후 대구~학산역 구간을 동해중부선이라 불렀다. 1936년 표준궤가 되어 부산까지 곧바로 이어지게 된 경주~울산 구간은 동해남부선이 되었다.

대구~영천~경주~학산역 구간의 동해중부선은 이후 각각 이름이 나눠지게 된다. 대구~영천 구간은 대구선으로 분리되고, 영천~경주 구간은 중앙선에 편입된다. 남은 경주~학산역 구간으로만 동해중부선은 단축되었다. 그리고 1945년 광복이 되었다. 포항항의 많은 해산물을 바로 실어 날랐던 학산역과 포항역 구간은 폐지되었고, 남은 경주~포항역 구간은 동해남부선으로 편입되면서 동해중부선 명칭은 한동안 사라지게 된다.

부산과 원산을 이으려던 철도 계획은, 1942년 포항 북쪽으로 23km 떨어진 송라면까지 노반을 깔았다. 일본의 패전으로 결

흥해읍 성곡리에 있는 초곡천(남천)을 건너기 위한 다리 교각

국 개통은 못하였다. 하지만 다리의 교각들과 그때의 콘크리트 터널들은 아직도 빈 터처럼 남아 있다. 흥해 평야를 흐르는 두 개의 하천, 즉 초곡천과 곡강천에도 동해중부선의 다리 교각들이 놓여졌다.

흥해읍 성곡리에는 초곡천(남천)을 건너기 위한 다리 교각들이 지금도 온전히 남아 있다. 곡강천(북천)을 건너는 다리의 길이는 약 150m로 규모가 좀 더 크다. 초곡천 교각과 달리 곡강천 철도 교각은 2011년 교각 상부가 완성되어 인도교로 활용되고 있다. 곡강천 다리에 서서 북쪽으로 바라보면, 약 400m 떨어진 곳에

곡강천(북천)을 건너는 다리 교각으로 2011년 교각 상부가 완성되어 인도교로 활용되고 있다.

도 철도를 놓기 위한 콘크리트 구조물이 논 사이에 우뚝 솟아 보인다.

그리고 북천과 남천 사이 3km 조금 넘는 구간에는, 논밭 사이로 옛 철도가 놓여질 계획이었던 노반을 확인할 수 있다. 노반을 더듬어 길을 따라가다 보면 흥해 망천산 가까운 위치에 기차가 정거할 수 있는 역을 조성하려고 만든 콘크리트 구조물을 확인할 수 있다. 계획대로 되었다면 흥해역이 되었을, 세월의 흔적을 간직한 구조물들은 일부는 민가의 담장으로, 또 일부는 건물의 받침석으로 사용되고 있다.

역을 조성하려고 만든 콘크리트 구조물을 건물의 받침석으로 사용하고 있다.

2018년 1월, 포항에서 영덕까지 철도가 개통되었다. 곡강천에 교각을 묻을 필요도 없이 지상에서 훨씬 높은 고가철도이다. 그리고 철도는 영덕을 지나 삼척까지 연결중에 있다. 광복 후에도 오랫동안 비어있던 포항~삼척 구간이 동해중부선 이름으로 역사에 다시 등장하게 되었다. 1936년 조선총독부에서 발행한 포항지도에도 확인되는, 아픈 역사의 '동해중부선'과는 완전히 다른, 포항 재도약의 기대를 담은 '동해중부선'으로 부활되었다. 포항에서 유라시아철도가 연결되는 꿈은, 1300여년 전 신라에서 발해로 가던 북해통(北海通)과 맥을 같이 한다.

현재 운행중인 동해중부선. 월포역은 바다가 바라다 보이는 역이다.

곡강서원 터

남과 북으로 나뉘어서 동쪽으로 흐르던 강은 서원산 아래에서 만나 하나로 흐른다. 남한강과 북한강이 만나는 경기도 양수리처럼 포항판 두물머리다.

흥해읍 남송리에 있는 서원산에서는 강을 한눈에 내려다보기에 그만이다. 두 갈래 강물뿐만 아니라 흥해 벌판이 한눈에 들어오고 멀리 신광 비학산까지 그림처럼 펼쳐진다. 뿐만 아니라 서원산을 오르면 동쪽으로 일출도 볼 수 있다. 옛 선조들이 이런 명당자리를 놓칠 리 없었다. 서원산을 뒤로하고 흥해 벌판과 비학산이 바라다보이는 터에 서원을 세웠다.

곡강서원 터에서는 흥해벌판과 멀리 비학산이 그림처럼 펼쳐진다.

곡강서원은 임진왜란 때 의병에 가담하여 공을 세우고 병조참판을 증직(贈職)받은 정삼외(1547~1615)가 선조 40년(1607)에 창건하였다. 서원에는 문원공 회재 이언적(1491~1553) 선생을 배향했고, 숙종 34년(1708)에 문간공 용주 조경(1586~1669)과 회재의 손자인 무첨당 이의윤(1564~1597)을 추향한 곳이다. 하지만 1868년(고종 5) 대원군의 서원 철폐령에 의해 훼철되었고 이후 복설을 위한 노력이 있었으나 이뤄지지 못했다. 곡강서원은 흥해의 유일한 서원이었고 이언적과 조경을 제향해서 흥해를 지나가는 많은 문인들이 두 사람을 추모하기 위해 남긴 시문들이 전한다.

곡강서원(曲江書院)[35]

정중기(鄭重器; 1685~1757)

아홉 굽이 맑은 강물은 바닷가로 들어가고,	九曲淸江注海脣,
단청 입힌 사당은 몇 번의 봄을 거쳤는가.	丹靑祠屋幾經春.
회재 선생의 도학은 북송의 성리학을 잇고,	晦翁道學承濂洛,
용주 선생의 문장은 한나라와 진나라에 가깝네.	龍老文章逼漢秦

(중략)

---

35 권용호, 『포항한시』, 도서출판 나루, 2021, 359-60쪽

곡강서원이 있던 자리엔 곡강 최씨 시조인 최호를 추모하는 재실인 영모재(永慕齋)가 들어서 있다. 서원산 일대는 곡강문화 탐방길로 조성되어 바다와 강과 절벽과 역사, 문화를 동시에 감상할 수 있는 포항의 숨은 명소이다.

하늘에 제사 지내던 4해와 4독 중 하나

흥해는 신라시대 때 국가 차원에서 제사를 지내던 중요한 곳이었다. 신라는 제의체계로 명산대천제(名山大川祭)가 있었는데 이름난 산과 강에 제사를 지냈다는 의미이다. 제사 대상이 되는 산천의 중요도에 따라 등급화하여 대사(大祀)·중사(中祀)·소사(小祀)로 나누어 국가에서 제사를 올렸다. 대사에는 3개 산이 속하였다. 중사는 5악(岳), 4진(鎭), 4해(海), 4독(瀆)으로 나누어졌다. 즉 동·서·남·북·중앙의 방위에 따라 전국의 중요한 명산과 대천 등이 정해졌다. 흥해는 옛 지명이 퇴화군(退火郡)[36]이었고 퇴화군은 4해와 4독의 동쪽에 각각 포함되었다.

『삼국사기』에 따르면, 4해 중 동쪽에 해당하는 곳은 '아등변

---

36 "義昌郡, 本退火郡, 景德王改名, 今興海郡, 領縣六"(의창군은 본시 퇴화군으로, 경덕왕이 개명, 지금 흥해군이니 영현이 여섯이다),『삼국사기』권34 잡지 제3 지리조

참포. 신라의 제의체계 중 사독의 동쪽에 해당하며 곡강을 가르킨다.

(阿等邊)'으로 퇴화군에 속했다. 일설에는 '근오형변(斤烏兄邊)'이라고도 하는데, 이때 '형(兄)' 자는 '지(只)'라고 추측이 되며 '근오지(斤烏只)'가 맞다고 보았다.

　4해 중 남쪽은 '형변(兄邊)'으로 거칠산군(居漆山郡)이고, 서쪽은 '미릉변(未陵邊)'으로 시산군(屎山郡)이며, 북쪽은 '비례산(非禮山)'으로 실직군(悉直郡)이다.[37] 지금의 지명으로 추정해보면, 동

---

[37] "四海, 東阿等邊(一云斤烏兄(兄, 恐作只, 地理志斤烏支(迎日縣)非是耶, 只與支通音故也)邊, 退火郡), 南兄邊(居漆山郡), 西未陵邊(屎山郡), 北非禮山(悉直郡)", 『삼국사기』 권32 잡지 제1 제사조

쪽은 흥해읍, 남쪽은 부산, 서쪽은 전북 군산, 북쪽은 강원도 삼척이 된다.

'독(瀆)'은 나라에서 신성시하여 봄·가을이나 가물 때 제사를 지내던 큰 나루나 강을 말한다. 4독 중 동쪽에 해당하는 동독은 '토지하(吐只河)'이다. 일설에는 '참포(槧浦)'라고 하며, 이는 퇴화군으로 지금의 흥해읍이다. 그리고 '참포'는 곡강을 말하는 듯하다고 『신증동국여지승람』 흥해군 고적(古跡)조에 나온다. 4독 중 나머지 지역을 현재의 지명으로 본다면, 남쪽은 경남 양산의 황산하(黃山河), 서쪽은 충남 공주의 웅천하(熊川河), 북쪽은 지금의 한강인 한산하(漢山河)가 된다.[38] 옛 문헌 기록을 밝히다 보니 다소 어렵게 읽혔겠지만 정리하자면, 곡강은 흥해에서도 신라시대 하늘에 제사를 지내던 신성한 곳이었다.

여기서 재미있는 것은 흥해의 옛지명 '퇴화군'과 곡강 하류를 가리키는 '토지하'라는 지명이다. '퇴화'는 '불(火)이 물러간다(退)'라고 직역이 되지만, 해가 물러가는 곳이라는 의미로도 읽힌다. 아침에 영일만에서 뜬 해가 저녁이면 지는 곳이 퇴화군이 되는 셈이다. 그렇게 일몰로 모습을 감춘 해는 사라지는 것이 아니다. 곡강천을 따라 흘러내려 가다가 바다와 맞닿는 강 하구에서

---

38 "四瀆, 東吐只河(一云槧浦, 退火郡), 南黃山河(歃良州), 西熊川河(熊川州), 北漢山河(漢山州)",『삼국사기』 권32 잡지 제1 제사조

해를 다시 토(吐)해낸다. '토지하'에는 그런 뜻이 담겨있다. 해를 품었다가 다시 토해내는 곳, 그런 의미에서 국가 차원의 제사를 지낸 4독에 '토지하' 즉 곡강이 포함되었다고 한다.

충비순량순절지연(忠婢順良殉節之淵)

두 갈래의 강줄기가 하나로 합쳐져 굽이굽이 흐르는 곡강은 신성한 곳일뿐만 아니라 그만큼 경관 또한 빼어난 곳이다.

충비순량순절지연(1766년 제작).

강물이 합쳐지며 수량(水量)도 많아진 데다가 흥해 평야의 동쪽을 둘러싸는 산과 산 사이 협곡을 흐르는 곡강은, 양쪽의 절벽들로 하늘이 닫히며 마치 깊은 산속에 들어온 듯 다른 세상 같은 느낌을 갖게 한다. 지금도 기암절벽들 사이로 흐르는 곡강변을 걷자면 여기가 포항인가라는 생각이 들 만큼 아름답다. 그래서 예부터 곡강을 배경으로 지어진 시 또한 많다.

아(丫)자 모양으로 흐르는 아홉 굽이 기이하고,	丫字澶成九曲奇,
작은 배로 달 타고 오가기에 알맞네.	蘭舟乘月往來宜.
동쪽 바위 북쪽 절벽을 굽이 돌아 다하면,	東巖北壁沿回盡,
하늘 열린 곤과 붕새의 거대한 연못이라네.	天闢鯤鵬一巨池.

— 이효상(1774~?), 곡강에 배를 띄우며 [曲江泛舟][39]

굽이를 돌 때마다 제각기 다른 모양을 갖는 바위들을 감상하며, 강이 흐르는 대로 따라 내려오다 보면 멋없는 건물 하나를 만난다. 곡강양수장이다. 여기서부터는 산으로 오르는 길이 있어서 높은 곳에서 곡강을 내려다보는 조망도 가능해진다. 하지만 길 한쪽 후미진 곳, 절벽에 가까이 가보는 걸 놓치지 말기를

---

39 권용호, 『포항한시』, 도서출판 나루, 2021, 330쪽

바란다. 따로 돌에 새겨 세운 비석과 달리, 자연석의 절벽 바윗돌에 가로 51cm, 높이 122cm의 감실을 파서 글자를 새긴 비문이 있기 때문이다.

忠婢順良殉節之淵
順良郡北興安里李娘婢也娘有幽恨沒
于是淵婢欲下從憫其稚子隨後誘使歸
家卽赴淵抱娘屍而死乃己亥四月二十
四日也後四十八年
崇禎三丙戌八月日
　　行郡守趙峸書而識之

충비 순량이 순절한 소
순량은 군의 북쪽 흥안리 이랑의 여종이었다. 이랑이 깊은 한이 있어 이 소에 빠져 죽었다. 여종은 따라 죽고 싶었으나 그 어린 아들이 뒤따라 오는 것을 안타깝게 여겨 달래서 집에 돌아가게 한 뒤에 곧 소에 달려와 낭자의 시체를 안고 죽었으니 바로 기해년 4월 24일이었다. 그 48년 뒤인 숭정3 병술년(1766) 8월 일에 행군수 조성이 써서 기록한다.[40]

---

40 〈포항 관내 충효열비 현황조사 및 원문번역 용역보고서〉, 포항시, 2020, 35쪽

비문에 적힌 대로 이들을 죽게 한 '幽恨(깊은 한)'의 내용은 다음 기록에서 알 수 있다.

조선 선조 때 경주에 사는 한 선비가 흥해군수로 있는 친구에게 왔다가 경치 좋은 이곳을 유람하던 중, 강가에서 빨래를 하는 한 낭자를 발견했다. 그 자태가 너무나 아름다워 슬며시 희롱할 생각이 들자 시 한 수를 떠올리곤 설마 낭자가 뜻이야 알겠느냐 싶어 "너는 석자 칼이 아닐진데 몇 장부의 간장을 끊느뇨?(爾非三尺劍 能斷幾人腸)"하고 소리 내어 읊었다. 낭자가 듣고는 의외로 답하기를 "나는 본대 형남의 화씨벽 같은 보배로서 진나라 15개 성과도 바꿀 수 없는데, 우연히 곡강 어귀에 유랑하지만 계림의 일개 썩은 선비와 어울릴소냐?(我本荊南和是璧 秦城十五猶不易 偶然流浪曲江頭 況與鷄林一腐儒)"하고는 떠나 버렸다. 망신을 당한 선비는 친구인 흥해군수에게 고하여 낭자를 체포하게 하였다. 소식을 들은 낭자는 몸종인 순량(順良)에게만 자초지종을 말하고 참포관소 절벽 위에서 몸을 날리고 말았다. 그러자 순량도 보채는 자기 아이를 달래 집으로 보낸 후 낭자의 시신을 안고 목숨을 끊었다. 50여 년이 지난 인조 때 흥해군수 조성(趙峸)이 이 사실을 알고 순량의 충절을 기리고 넋을 위로하기 위해 참포관소 앞 암벽에 비문을 새겼다.[41]

41 『아름다운 포항, 유서깊은 마을』, 포항시, 2007, 199쪽

지금의 시각으로 그 당시의 세상을 이해할 수는 없겠지만 주인을 따라 목숨을 버린다는 이야기는 거룩하다기 보다는 거북한 게 사실이다.(주인을 위해 목숨을 바친다는 것과 주인을 따라 목숨을 버린다는 것도 차이가 있다.) 충비 순량의 경우에는, 뒤따라오던 어린 아들을 달래어 집에 돌려보내고 와서 몸을 투신했다고 하니 자식보다 억울하게 죽은 주인을 더 위한다는 뜻이지 않나. 충절이 당시에 사회를 유지하는 제일 중요한 덕목 중 하나였겠지만, 양반이 충절을 지켜 죽은 노비를 위해 이런 비석을 만들어 준 것이 혹여 이런 충절을 강요하는 건 아닌지 300년이 지난 지금에서는 불편한 생각이 든다.

　포항에는 충비 순량 외에도 비슷한 비석이 두 개 더 있다. 현재 흥해 영일민속박물관 마당에 있는 '충비갑연지비(忠婢甲連之碑)'와 구룡포 광남서원에 있는 '충비단량지비(忠婢丹良之碑)'이다. 주인을 위해 희생한 충비를 기리는 비석이 세 개나 있는 곳은 포항 외에는 드물다.

동해안에서 만나기 어려운 모래 해안, 칠포해수욕장

드디어 곡강은 바다에 다다른다. 강은 하구에 퇴적지형을 만든다. 상류에서부터 싣고 내려온 모래를 동해안에 이르러 부여놓았다. 곡강 북쪽의 곤륜산과 남쪽의 방목산 일대에 이르는 모래 해안으로 칠포해수욕장과 용한리간이해수욕장이다. 포항시 동해안에서 칠포해수욕장 같은 대규모 모래 해안은 보기 어렵다. 조사리간이해수욕장처럼 대부분 자갈(몽돌)해안이거나, 월포해수욕장처럼 자갈과 모래가 섞여 있는 해안이 많다. 이런 점에서 모래의 공급이 풍부하고 대규모 모래 해안이 유지되고 있는 칠포해수욕장의 자연 생태적 가치와 경제적 가치는 상대적으로 크다고 할 수 있다.

곡강천이 만든 모래 해안을 걷는 즐거움은 4km에 이르는 광활함 때문만은 아니다. 흔히 바닷가라고 하면 끝없이 펼쳐진 모래사장에 부서지는 파도들을 떠올리는 게 전부이다. 하지만 곡강천 하구에는 강물 넘어 모래가, 또 그 모래 넘어 바다가 멀리 수평선에서 하늘과 맞닿는 풍경이 그림 같다. 모래가 강 하구와 바다를 분리해서 호수를 만들었기 때문인데 이를 석호(潟湖, lagoon)라고 한다.

곡강천 하구에는 퇴적된 모래로 막혀 바다와 분리돼 형성된

곡강천 하구에 발달한 모래 해안

석호가 발달했다. 우리나라 동해안 해수욕장의 뒤편에는 많은 석호가 발달했다. 강릉의 경호, 속초의 청초호와 영랑호 등은 퇴적된 모래 둑에 의해 바다와 분리되어 형성된 석호다.

곡강천 하구에는 이러한 석호가 있고, 용한리 해안에는 바닷가 뒤에 소나무 숲으로 덮인 사구(沙丘) 지형도 발달해 모래가 퇴적된 해안에서 볼 수 있는 다양한 지형을 볼 수 있다. 모래 해안 지형의 교과서라고 할 수 있다.

한편, 음악을 좋아하는 이들에게 칠포는 낯선 이름이 아닐 테다. 칠포재즈페스티벌 이야기이다. 사실 도시 규모에 비해 포항은 내놓을만한 음악 축제가 없었다. 도시가 발전한다는 것은 양

적 팽창뿐만 아니라 질적 성장도 함께 이루어져야 한다. 미술관, 도서관, 박물관 등이 그래서 필요하고 지역 관련 서적이 많아져야 하는 것도 같은 이유에서다. 지역민에게 문화적인 만족감을 높이는 것은 물론 외부에서 관광객이 찾을 수 있게끔 하는 것은 음악축제가 가진 큰 장점이다.

지난 2007년 이후 매년 칠포해수욕장에서 벌어지는 칠포재즈페스티벌은 2022년에 16회째를 맞이하면서 우리나라 재즈페스티벌의 대표브랜드로 자리매김하고 있다. 가을밤 바닷가에서 어우러지는 재즈의 음악 또한 포항에서 맛볼 수 있는 소중한 문화유산이 된다.

사진제공. (사)칠포재즈축제위원회

포항의 누정[42]

● 칠인정(七印亭)

경상북도 문화재자료 제369호

칠인정은 고려말 무인으로 벼슬을 한 장표(張彪)가 왕조가 바뀌자 벼슬을 버리고 고향인 구미로 낙향했다가 거처를 포항으로 옮겨 은둔하면서 지은 정자다. 1409년 장표가 환갑이 되던 해에 관직생활을 하던 그의 네 아들과 세 명의 사위가 모두 관복을 입고 축하연에 참석하였는데, 관인(官印)에 달린 끈을 정자 앞 두 그루의 회화나무에 걸어 두었다. 벼슬길에 올라 회화나무에 걸어 둔 7명의 인끈을 기념하여 '칠인정'이라 이름 하였다. 정조 21년(1797)에 중창되었으며, 산간 지역에 위치해 있는 남향의 정자로서 2개의 방과 마루로 구성되어 있다. 정자 내부에는 불사이군의 지조를 지킨 장표를 추모하는 여러 시인묵객들이 남긴 시판이 걸려있다.

---

42   한국국학진흥원,『영남선비들의 누정(樓亭)』(2020)을 참조하였다.

● 용계정(龍溪亭)

경상북도 유형문화재 제243호

용계정은 사의당(四宜堂) 이강(李堈, 1621~1738)이 착공하여 3대에 걸쳐 완성한 정자로, 처조부 농포(農圃) 정문부(鄭文孚, 1565~1624)가 임진왜란 때 피난하여 별장으로 사용하던 건물이다. 정자를 완성한 이시중(1667~1738)은 용계천의 이름을 따 용계정을 편액하고, 조부의 뜻을 기리기 위해 사의당의 호를 현판으로 새겼다. 이후 여강이씨 문중에서 관리하며, 이언적의 동생 이언괄 부자를 추모하는 세덕사를 중건하고 용계정은 강당으로 사용하기도 했다. 서원철폐령이 내려지면서 세덕사는 훼철되었지만, 용계정은 지금까지 남아 덕동마을의 수려한 경관을 지켜내고 있다. 용계정의 건물규모는 정면 5칸, 측면 2칸의 목조와가 팔작지붕의 5량집이다. 건물 뒤편은 후원과 연결되며, 건물 앞쪽은 계곡의 기암절벽과 마주하고 있다.

2011년 8월에 '용계정과 덕동숲'이 명승으로 지정되었다.

● 일제당(日躋堂)

경상북도 기념물 제70호

정면 3칸, 측면 2칸의 팔작지붕으로 구성된 일제당은 조선 선조 33년(1600년)에 건축되어 여헌 장현광, 수암 정사진, 윤암 손우남 등이 학문을 강론하던 곳이며 1629년에는 노계 박인로 선생이 내유하여 입암가 29수와 입암별곡을 남기기도 하였다.

1907년 산남의진 사건으로 일본군이 방화하여 소실되었던 것을 1914년 복원하였다.

일제당의 '일제'는 성스러움과 공경함이 날로 진전되어 가는 것을 이르는 말로,『시경(詩經)』「상송(商頌)」'장발(長發)'의 "탕왕(湯王)의 탄생이 늦지 않으시어, 성스러움과 공경함이 날로 진전되네(湯降不遲, 聖敬日躋)."라고 한 것에서 유래했다.

● 분옥정(噴玉亭)

경상북도 유형문화재 제450호

　분옥정은 돈옹(遯翁) 김계영(金啓榮, 1660~1729)의 덕업을 찬양하기 위해 순조 20년(1820) 3월에 문중에서 건립한 정자다. 김계영은 갑술환국 이후 출사를 단념하고 은거의 삶을 살고자 산속 계곡 근처 바위에 '세속의 이야기에 찌든 귀를 씻는다'는 뜻의 세이탄(洗耳灘)이란 글자를 새겼는데, 그 터에 분옥정을 세웠다. 분옥(噴玉)은 옥을 뿜어낸다는 뜻으로, 계곡의 작은 폭포에서 튀어 오르는 물방울이 마치 옥구슬을 뿜어내는듯하여 붙인 이름이다. 용계정사(龍溪精舍)라고도 불리는 분옥정은 주변 풍경을 고려하여 출입을 건물 뒤편으로 하고 앞면은 계류(溪流)를 향하도록 배치하고 있다. 구조는 정면 3칸, 측면 3칸의 丁자형 평면 목조 기와집으로 이 지방에서는 보기 드문 형태를 지니고 있다. 분옥정에 걸려있는 현판은 추사 김정희와 그의 아버지 유당 김노경이 쓴 것이라 전해진다.

세이탄(洗耳灘) 이야기

중국 요나라 임금이 현인으로 알려진 허유에게 왕위를 물려주고자 했는데, 허유는 완강히 거부하며 듣지 못할 말을 들은 것을 부끄럽다 여겨 영수강에 귀를 씻어냈다. 마침 소를 몰고 지나가던 친구 소보는 허유로부터 귀를 씻고 있는 이유를 듣고는 더러운 귀를 씻은 물을 소에게 먹일 수 없다며 상류로 올라갔다고 한다. 김계영도 영천세이(潁川洗耳)의 고사를 떠올려 분옥정 계곡 바위에 세이탄을 새겨 속세를 벗어나고자 한 의지를 다졌을 것이다.

세이탄(洗耳灘). 풍화에 의하여 '세(洗)' 자는 잘 보이지 않는다.

포항의 젖줄, 형산강

3호 5도 | 포항항 | 부조장 & 죽도시장 | 포항운하 | 형산강 전투

3호 5도의 고장

    울산광역시 울주군 두서면에서 발원한 형산강은, 북동쪽으로 흐르다가 경주시 부근에서 지류인 남천·북천 등을 합류하여 경주평야를 형성하고, 경주시 안강읍 부근에서 기계천과 합류하며 안강평야를 형성한다. 여기서 유로를 동북동으로 바꾸어 형산제산지협(兄山弟山地峽)을 지나 영일만 내의 삼각주성 충적평야인 포항평야를 형성하고 동해로 유입된다. 형산강의 유역면적은 1,140.00km², 유로연장은 61.95km이며 국가하천 연장은 36.00km이다.[43]

    형산강에 의해 이루어진 퇴적층은 강의 흐름에 따라 때론 연결되었다가 또 때론 섬으로, 호수로 남곤 하였다. 칠성천, 양학천, 학산천, 두호천 등 많은 샛강들이 도심을 흘러 형산강으로 합쳐졌다. 포항 구도심 지역 이름에 '섬 도(島)'자가 유독 많은 것

---

43 〈형산강 하천기본계획(보완) 보고서〉, 국토해양부 부산지방국토관리청, 2011

형산강이 포항시내를 지나며 동빈내항을 이루고 영일만으로 흘러들고 있다.
아직 포항제철이 건립되기 전의 모습이다.(1967)

도 그러한 이유이다. 해도, 상도, 대도, 죽도 등 이들 지역은 한때는 이러한 샛강에 의해 나뉘어진 섬들이었다. 죽도 다리, 해도 다리 등 섬을 잇는 크고 작은 다리 또한 많았다. 만약 지금까지 도심에 강들이 흐르고 걸으면서 건너갈 다리가 여러 군데 있다면 무척 아름다운 도시가 되었을 테지만, 그때는 그렇게 생각을 못했다. 도로를 넓히고 주차 공간을 확보하는 일이 더 급했다. 도심을 흐르던 샛강들은 1985년부터 복개(覆蓋) 공사가 점차 이루어지고 다리는 쓸모를 잃었다. 지금은 그 누구도 섬이라 하지 않는다. 하지만 포항은 '3호(湖) 5도(島)'라는 말이 있을 만큼 '강(江)의 도시'였다.

'3호'는 두호(斗湖), 환호(環湖), 아호(阿湖), 세 개의 호수를 말한다. 물론 지금은 찾아볼 수 없지만 호수 이름은 포항 북구의 동이름으로 남아있다. 두호동, 환호동, 그리고 아호는 항구동이 되었다. 이들은 포항 북구의 해안가 지역이다. 그러니까 해안가에 큰 호수가 있었다는 말이 되는데, 강의 하구에 생기는 석호이면 설명이 된다. 석호는, 강이 운반해 온 모래가 쌓여 바다와 하천을 분리시키면서 강하구에 생긴 호수를 말한다. 퇴적물이 계속 쌓이면서 석호는 자연적으로 사라질 수도 있는데, 두호와 환호, 아호는 자연적으로든 혹은 인위적으로든 사라지고 없다.

'5도'는 죽도(竹島), 해도(海島), 상도(上島), 하도(下島), 분도(分

포항진지도(1872) 부분. 죽도(竹島), 해도(海島), 상도(上島), 하도(下島), 분도(分島)
다섯 개의 섬이 보인다

島) 다섯 개의 섬을 말한다. 죽도동, 해도동, 상도동에 그 이름이
남아있고 하도와 분도는 합쳐서 대도동이란 이름이 되었다.

　포항 사람이면 누구나 아는 송도(松島)가 '5도'에 빠져있다는
점도 재밌다. 송도는 구지도에서도 확인되듯이 형산강의 수량에
따라 육지와 분리되어 일부가 섬으로 되기도 하였지만 대송면
송정동이라는 행정구역을 가지며 육지와 연결되어 있었다.

　지형학적으로 송도는 사주(沙洲, 모래 둑)에 해당된다.[44] 사주

44　민석규, 『포항해안지형산책』, 도서출판 나루, 2022, 144쪽

는, 해안의 모래가 연안류에 의해 조금씩 해안을 따라 이동·퇴적되면서 만들어진 좁고 긴 막대 모양의 모래톱 지형을 말하며 하천 하구의 해안이 동해안처럼 파랑에너지가 강할 때 잘 만들어진다. 이렇게 만들어진 송도는 영일만 밖에서 오는 파랑을 막아주는 자연 방파제 역할이 되어주었다.

이런 지형적 조건 덕분에 포항은, 1731년 곡식을 보관하기 위한 '포항창진(浦項倉鎭)'이 생길 수 있었고 포항이라는 지명이 역사에 처음 등장하는 계기가 되었다.[45] 형산강이 만든 지형이 오늘날 포항을 있게 하였다고 봐도 지나친 말이 아니다.

천혜의 항구, 100년 역사 포항항

동해안은 서해나 남해에 비해 해안선이 단조로워 풍랑에 그대로 노출되는 단점이 있다. 포항 앞바다에 이르러 커다란 영일만을 가진 포항은 천혜의 항구가 되는 조건을 갖췄다. 작게는 어업 활동의 '어항' 역할부터 크게는 관문 역할의 '대외무역항'으로,

---

45 『조선왕조실록』에 "영조 신해년 고을 북쪽 20리에 관찰사 조현명이 포항 창진(倉鎭)을 개설하고 별장(別將)을 설치했다"라고 나온다. 이후 포항창진은 53년 정도 유지되다가 1784년에 경비 문제 등으로 없어지게 된다.

또 지정학적 군사 요충지로 '군항' 역할까지 수행한 곳은 동해안에 포항항이 유일하다.

구한말 즈음까지만 해도 포항항은 매년 형산강이 범람할 때면 밀려드는 토사로 선박의 입출항이 불편하였다. 형산강 방사제 축조공사는 1914년 10월에 시작되었다. 이 해는 행정구역으로 포항면이 탄생한 해이기도 하여 근대도시로 발전하려 함을 알 수 있다. 1919년 1월 형산강 북하구 도수제(導水堤)[46] 축조공사가 시작되어 1923년 6월 준공되었다. 영일만 앞바다에는 많은 어족 자원들이 있었는데 그중에서도 고등어 밀도는 전국 최고였고, 또 당시 전 조선 청어의 70%가 청어의 산란지였던 영일만에서 잡혔다. 일제강점기 당시 경북지역 수산물 생산의 3분의 1을 포항이 맡고 있었다. 포항의 수산업 발달과 더불어 무역 규모가 급증하자, 포항항은 1923년 4월 1일 제령 제6호로 지정항이 되면서 포항세관출장소도 설치되었다.[47]

형산강의 물줄기는 여러 차례의 제방공사에 의해 변화되었다. 1931년 8월 시작한 형산강 개수공사는 1935년 3월 준공되었다. 북하구와 남하구 두 군데를 통해 영일만으로 유입되던 형산강이,

---

46 물의 흐름을 일정한 방향으로 돌리고, 물의 속도를 일정하게 유지하기 위하여 만든 둑
47 김진홍, 〈포항항〉, DGB대구은행의 지역사랑지 향토와 문화99 『동해의 항구』, 2021, 65쪽

남하구의 사주를 가로지르는 직강 공사로 인해 현재처럼 남하구 한 곳으로만 유입하게 되었다. 형산강 북하구는 칠성천과 주변의 작은 하천만 흘러들게 되고, 입구에 방파제가 축조됨으로써 하구의 역할보다는 본격적인 항구로서 기능을 하게 되었다.

하지만 광복을 맞이한 이후 1946년 무역항으로 지정되어 개항한 곳은 포항항이 아닌 묵호항이었다. 포항항의 개항은 1962년 6월 12일에야 이루어졌다. 동빈내항에서 송도로 넘어가는 동빈큰다리 입구 한쪽 편에는 60년 세월을 간직한 작은 비가 하나 서 있다. '포항국제무역항 지정기념비'. 1962년 6월 12일 개

포항항평면도. 지도에서 붉은색으로 표시한 부분이 현재의 동빈내항이다.

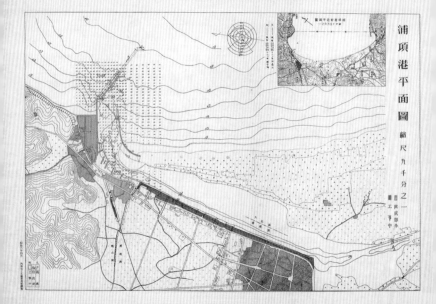

포항개항지정기념비. 현재의 위치인 동빈내항에 옮겨 세워졌다.

항일을 기념하여 세워진 비석이다. 포항시청 구 청사 마당에 있던 것을 현재의 위치로 옮겨 제자리를 찾은 셈이다.

　여기서 생각해 볼 점은, 포항항의 진정한 역사적 개항일은 1962년 6월 12일이 아닌 1923년 4월 1일로 기억하는 것이 맞다고 본다. 개항일에 맞춰 정해진 '포항시민의 날'도 현재의 6월 12일이 아니라 4월 1일로 정하는 것이 포항항 100년 역사를 제대로 인식하는 의미가 된다. 100년 역사의 포항항은, 동빈내항이라고 하는 포항구항, 포항제철 안에 조성된 포항신항, 그리고 컨테이너 항만인 영일만항까지 3개의 항구로 성장하였다.

부조장 그리고 죽도시장

지금은 고속도로가 생기고 기차도 고속전철이 생겨 포항에서
서울까지 한나절이면 오가는 시절이 되었지만 1900년대 초반
에 부산에서 포항에 오려면 교통편이 어땠을까.

부산-포항간 교통은 육지로는 동래에서 언양 그리고 경주, 부조로 이어
지는 옛 도로를 거쳐 하부조에서 배편으로 포항에 바로 들어오거나 울
산을 경유하여 포항으로 들어오는 것이었다. 배가 너무 소형이어서 화
물 수송은 날씨에 따라 좌우되곤 했는데 운이 나쁘면 보름이나 허송하
는 수도 있었기 때문에 화물은 별개로 치더라도 대부분 사람들은 육로
를 이용했다. 1904년 1월 1일 조선 개발의 대동맥인 경부철도가 개통
되고 난 뒤로는 대구로 가는 이 철도 노선을 이용했는데 그전까지는 모
두 언양 가도를 통해 부산과 포항을 왕래했다.[48]

포항을 배편으로 들어온다거나 울산을 경유할 때는 보름이나
걸린다는 것이 먼 옛날 이야기처럼 지금과 뚜렷이 구별된다. 포
항에 들어오기 위해 배로 건넜던 강이 형산강이고 배를 탔던 곳

---

48 김진홍, 『일제의 특별한 식민지 포항』, 글항아리, 2020, 53-4쪽

이 하부조(아랫부조)였음을 알 수 있다. 조금 더 그때의 기록을 읽어보자.

당시 포항은 연일군 북면 포항동이라 불리던 곳으로, 형산강 하구에 붙은 조그마한 어촌에 지나지 않았다. 부락의 규모를 이룬 곳은 지금의 남빈, 여천, 학산 3개 동으로 조선인을 포함하여 불과 120~130호, 문화는 물론 부의 정도 역시 매우 빈약한 상태였다. 그러나 동해안에서는 부산과 원산 사이의 중요 지역으로서 당시 함경남북도산 명태의 40퍼센트가 이 땅으로 수집되고 대구를 비롯한 안동, 의성, 예천, 김천, 상주, 멀리는 충청도와 전라도 방면까지 공급되어 각지의 시장을 뒤흔들었다. 부조 시장이 조선 남부 3대 시장 중 하나로 불리게 된 것도 조선 북부에서 잡힌 명태 거래가 왕성했던데 따른 결과다.[49]

큰 강이 흐르면 물류 이동이 용이하기 때문에 시장이 형성되기 마련이다. 포항은 부산과 원산을 잇는 중간 거점으로 중요 지역이었다. 나중 일이지만 부산과 원산을 잇는 철도 동해선에 포항을 경유하는 계획이 포함되었고, 앞서 살펴본 '포항창진'이 함경도로 구휼미를 실어나르기 위해 마련한 창고였다는 점만 보아

---

49 같은 책, 54쪽

형산강과 부조(1914, 도리이 류조). 사진에서 왼쪽에 보이는 산이 제산, 오른쪽에 보이는 산이
형산이다. 형산 아래 부조가 있다.

도 포항과 함경도는 뱃길 왕래가 있었다는 것을 알 수 있다.

경주를 거쳐 동해안 영일만으로 흘러드는 형산강을 건너는 배
편이 있었던 하부조는 시장이 형성되었고, 서해의 강경장과 남
해의 마산장과 더불어 동해의 부조장으로 조선 남부 3대 시장으
로 불렸다. 그만큼 부조장의 역사는 깊다. 1750년대부터 1900
년대 초반까지 형성되었던 장으로, 윗부조장, 아랫부조장으로
나뉘어져 있었다. 윗부조장은 현재 경주시 강동면 국당리이고,

아랫부조장은 포항시 연일읍 중명1리에 해당한다. 형산강으로 보면 포항이 경주보다 하구니까 아랫부조장이라 불렀다. 하지만 아랫부조장이 바다와 만나는 대포구여서 훨씬 더 번성하였으므로 부조장이라고 하면 일반적으로 아랫부조장을 가리킨다. 함경도 명태의 40퍼센트가 이곳에서 유통될 만큼 부조장은 주위 환경이 무척 좋았다. 인근 안강지역은 곡창지대였고 포항은 넓은 염전이 있었다. 영일만 바다는 풍부한 수산물이 있었다. 게다가 넓은 포구여서 큰 배의 출입 또한 가능했다. 경주읍내장과 영천 읍내장 등 배후에도 큰 시장들이 있어서 함경도의 명태뿐만 아니라 강원도 오징어, 포항 연안의 청어와 소금을 내륙으로 팔고, 전라도와 경상도의 농산물을 교역하였다. 부조장은 동해를 대표하는 조선 남부의 3대 시장일 뿐만 아니라 대구시장, 김천시장과 더불어 경북의 3대 시장으로 분류될 만큼 규모가 컸다.

요즈음은 강변도로로 개발되어 옛 장터의 느낌은 전혀 찾아볼 수는 없지만, 아랫부조였던 연일읍 중명1리 마을회관 앞에는 부조장과 관련된 선정비가 있어 당시 부조장이 큰 시장이었음을 말해주고 있다.

부조장은 사라졌지만 오늘날에는 죽도시장이 동해안 최대의 시장으로 명맥을 이어가고 있다. 서울 남대문시장, 동대문시장, 부산 국제시장, 대구 서문시장과 같은 큰 시장과 더불어 5대 전

'현감 조동훈 복시 선정비'(좌), '현감 남순원 선정비'(우). 19세기 후반에 세워진 것들인데, 부조장이 폐시, 즉 문을 닫았다가 지역민들의 요구로 다시 문을 열게 되면서 그 공덕을 기리는 내용이다. 그리고 제산 아래쪽에는 '좌상대 도접장 김이형 유공비'가 있다.

통시장에 들어간다고 하니 죽도시장은 포항의 문화유산으로 손색이 없다.

부조장이 형산강가에 생겼다고 하면 죽도시장은 형산강으로 흘러드는 칠성천 가에 형성되었다. 광복 후 1946년 영일군 포항읍 칠성천이 흐르는 현 죽도시장 터에 소규모의 노점상으로 출발하였다. 6·25전쟁 전까지 400여 개로 점포가 늘어났으나 전쟁으로 완전히 소실되었다. 전쟁 후, 이전의 상인들과 죽도동 유지들이 부흥회를 조직해서 1954년 7월 19일 경상북도로부터 상설남부시장으로 정식인가를 받고 8월 13일 개장하였다. 죽도시장이라는 이름은 1971년부터 변경되어 사용되었다.

상설남부시장으로 개장할 때는 면적이 약 만평(9,443평) 규모였는데 지금은 4만 평 규모로 늘어났다. 사실 죽도시장은 3개의 시장으로 이루어졌는데, 죽도시장, 농산물시장, 어시장 이렇게 구성되어 있다. 1천500개의 점포, 300개의 노점상으로 4천300명이 장사를 하고 있다고 하니 규모로서도 엄청나다.

대개 시장이 그렇듯이 죽도시장은 파는 품목들이 구역별로 잘 나뉘어져 있어서 시장의 골목골목을 새롭게 접어들 때의 즐거움이 크다. 가구골목, 과메기거리, 회센터골목, 건어물골목, 닭집골목, 부침개와 반찬거리 등을 판매하는 전골목, 농산물골목, 양장점골목, 이불골목, 그릇골목, 한복주단골목, 어시장 등 일일이 나열할 수 없을 정도로 특화된 골목들이 즐비하다.

물건을 사는 즐거움 뿐만 아니라 먹는 즐거움도 함께 있는 곳이 죽도시장의 매력이다. 횟집골목은 물론 매스컴에 소개되어서 요즘은 줄을 서서 먹어야 하는 곰탕골목, 푸짐한 보리밥식당골목, 칼국수 먹을까 수제비 먹을까 고민 안해도 되는 가성비 최고의 칼제비 골목. 그리고 후식으로 즐길 수 있는 호떡집, 도너츠집, 꽈배기 집까지. 백화점 지하 1층 식료품 가게에서는 볼 수 없는, 사람 사는 맛을 느낄 수 있는 곳이 바로 죽도시장이다.

　동해안 최대 규모의 죽도시장 어시장은 새벽 5시부터 활기가 넘친다. 활어 위판장이 송도로 옮겨갔지만 죽도어시장은 선어 위판장이 열린다. 활어는 살아있는 생선, 선어는 죽은 생선을 뜻한다. 죽은 생선이라고는 하지만 그날 잡힌 싱싱한 생선들이다. 또한 죽도어시장에는 살아있는 문어가 많이 거래된다. 경북 내륙에서도 문어를 구입하기 위해서 포항 죽도어시장을 찾는다. 전라도에 홍어가 있다면 경북에는 문어가 있다. 이 지역에서 문어는 관혼상제에 절대 빠뜨려서는 안되는 대표 음식이다. 경북도 내에서 가장 내륙에 위치하여 해산물이 귀했을 안동에서 특히 문어를 사랑하는 이유가 재미있다. 문어를 한자로 쓰면, 글월

죽도어시장 새벽 위판장. 살아있는 큰 문어들이 단체로 꿈틀거리는 모습은 죽도시장 최고의 볼거리이다.

문(文), 고기 어(魚)가 된다. 이름이 벌써 문자 글을 숭상하는 물고기로 머리에 먹물이 들었다는 의미이다. 실재로 문어에겐 먹물까지 있으니 학문을 숭상하는 안동 선비들이 즐기기에 적합하다고 여겼다.

전국에서 죽도시장에서만 구할 수 있는 것이 개복치이다. 몸길이 약 2~4m, 무게가 평균 1,000kg의 물고기. 개복치는 다른 곳에선 아예 모르는 경우도 많다. 거대한 물고기이면서도 상어나 고래와 달리 옆으로 납작하고 짤막하여 이것이 물고기인가 하고 여겨질 정도이다. 덩치에 비해 터무니없이 작은 입과 눈은 우스꽝스럽기도 한데 혹시 개복치를 해체하는 광경이라도 목격하게 된다면 죽도시장에서의 특별한 경험이 될 것이다. 그리고

운 좋은 날에는 죽도시장에서 개복치가 들어오는 것을 볼 수 있다. 무게가 평균 1,000kg에 달하는 개복치는 지게차로 옮긴다.

개복치의 학명은 'Mola mola(몰라몰라)'이다. 정말 모르게 생긴 물고기가 이름까지 '몰라몰라'니까 더욱 재미있다. 포항을 알릴 시어(市魚)나 대표수산식품을 정한다면 과메기로 만드는 청어나 꽁치 그리고 문어, 대게, 고래도 충분하지만 몰라몰라 개복치가 더 좋지 않을까 생각한다. 영어로 개복치는 'ocean sunfish'이 다. 직역하자면 '바다의 태양물고기'쯤 될 텐데 개복치가 바다에 떠서 일광욕하는 모습이 마치 하늘에 떠 있는 태양과 같다고 해 서 붙인 이름이라고 한다. 물고기 이름에 바다와 태양이 한꺼번 에 다 들어 있다. 이는 바다를 끼고 태양을 맞이하는[迎日] 포항 의 정체성과도 부합되는 이름이다.

일본 동경에 츠키지시장, 그리고 스타벅스 1호점으로 유명한 미국 시애틀의 '파이크 플레이스 마켓'. 이들 시장은 참치와 연 어로 유명하다. 포항 죽도시장도 살아있는 큰 문어들이 단체로 꿈틀거리는 모습은 결코 흔하지 않은 풍경이다. 그리고 생선인 지도 모를 큰 개복치까지. 죽도어시장의 숨겨진 유산들은 무궁 무진하다.

'2017~2018년 한국인이 꼭 가봐야 할 한국관광 100선'에 선 정된 죽도시장. 비가 와도 장사를 할 수 있게 아케이드를 설치 하고 공중화장실 리모델링, 주차장 조성 등 좀 더 쾌적한 환경을 만들기 위해 변화를 계속하고 있다.

포항운하

　포항의 물길을 말하면서 빼놓을 수 없는 것이 포항운하이다. 형산강이 하구에 이르러 물의 흐름에 따라 강 주변 지형은 섬으로 나뉘어지기도 하고 뻘밭으로 존재하기도 하였다. 다시 기억해보자. 형산강은 북쪽과 남쪽, 두 군데를 통하여 영일만 바다로 유입한다고 했다. 각각 북하구와 남하구이다. 그러던 것이 남하구 쪽으로만 형산강을 흐르게 공사를 하면서 남하구는 강폭이 넓어졌지만 북하구로 흐르던 물의 양은 급격히 줄어들게 되었다. 게다가 해도동 일대를 매립하면서 강으로 연결되던 북하구와 남하구는 완전히 단절되었다. 딴봉이라는 친근한 이름의 지명이 사라진 것도 이때다. 송도를 안으로 휘감고 흐르던 물줄기는 송도교 남쪽으로는 매립되어 볼 수 없게 되었고 송도교 북쪽으로 남은 물줄기는 동빈내항을 이루고 항구동에 위치한 북하구를 통해 영일만 바다로 흘러나갔지만 물흐름이 원활하지 않아 곳곳이 썩고 악취가 나는 등 오염이 심했었다.

　이곳에 변화가 시작된 건 2012년부터였다. 1970년대 이후 급속한 산업화과정에서 막혔던 형산강과 동빈내항을 잇는 환경복원사업은 2년이 지난 2014년까지 이어졌다. 물길 총길이 1.3km, 폭 15~26m, 수심 1.74m의 포항운하가 탄생하였다.

포항운하 이전

포항운하 이후

총 사업비 1,600억 원이 투입되었다. 몇 가지 문제점이나 한계는 있었으나 막힌 물길이 연결된 의미는 크다고 할 수 있다. 오염된 동빈내항의 수질이 개선되었으며 해도동에 수변공간이 조성되고 조각물들이 설치되었다. 크루즈를 타고 동빈내항을 거쳐 영일만으로 나갈 수 있게 되었다. 하지만 아직도 포항운하는 미완이다. 물길은 복원되었다고 하나 시민들의 왕래가 그리 많지는 않다. 운하 주변으로 정주 인구가 그리 많지 않은 지역인데다 운하를 일부러 찾을 만한 시설이 취약한 탓이다. 크루즈 탑승객도 초기에 비해 줄어든 상황이다. 포항운하가 서울의 청계천이나 다른 나라의 도심을 흐르는 운하처럼 관광이나 문화, 지역경제 활성화에 도움이 되게 하기 위해서는 그다음 무엇이 필요해 보인다. 지난 2020년 포항문화재단과 포항지역학연구회가 함께 한 포항운하의 새로운 콘텐츠 개발을 위해 시민발굴단을 모집하려는 기획도 그러한 시도였다. 강사로 참여한 김진홍 한국은행 포항본부 부국장이 제안한, 다른 선착장으로 이동할 수 있는 일종의 수상택시 기능의 크루즈도 재밌어 보였다. 관광에다가 이동 수단이 더해지는 기능은 외국의 사례에서도 얼마든지 찾아볼 수 있다. 김주일 한동대학교 공간환경시스템공학부 교수는 도시 디자인 차원에서 포항운하의 중요성을 강조하였다. 단순한 조경이 아닌 도시재생이 이루어지고 도시구조가 개선되고

도시 정체성이 확립되는 기회로서 포항운하에 의미를 두었다.

포항운하에서는 과거 명성이 자자했던 송도해수욕장이 지척이다. 운하와 인접한 송도동 또한 도시재생사업이 진행되고 있다. 뿐만 아니라 포항의 대표 명소인 죽도시장을 걸어서 갈 수도 있다. 그리고 보면 포항운하 주변만큼 포항을 느낄 수 있는 곳도 드물다. 이러한 개별적 명소들이 물 흐르듯 연계가 되도록 하는 것이 진정한 물길의 소통이 아닐까 한다. 포항운하에 이어 최근 포항에는 복개된 옛 하천을 복원하려는 움직임이 있다. 현재 학산천은 복원 중이다. 옛 물길 복원이 단순 과거의 재현이 아니라 현재의 삶에서도 의미 있길 바래본다.

형산강 전투

포항시민의 자랑인 포항시립미술관에는 '형산강 전투'라는 미술작품이 있다. 전쟁그림 하면 흔히 떠오르는, 외국 박물관에서 보는 그런 대작이 아니다. 전쟁 중 상황에서 종이를 구하지 못해 군 막사에서 사용하였던 찢어진 누런 재생지에 그린 그림으로, 6·25전쟁 종군화가로 활동한 손일봉(1907~1985)의 작품이다. 경주 출신으로 경성사범학교(서울대학교 사범대학 전신)를 졸업한 후 일본으로 건너가서 동경 우에노미술학교를 졸업한 그는 경주 등지에서 교사와 교장을 역임하고 1971년 수도여사대(현 세종대학교) 회화과 교수로 재직하였다. 1950년에는 6·25전쟁 종군화가로 활동하였다.

그림을 살펴보면, 그림 전체를 차지하는 강과 강둑을 경계로 둑 너머 적군과 전쟁이 한창인 상황을 묘사하였다. 그림 중앙에

손일봉, 「형산강 전투」(1951, 재생지 위 수채, 33.5×50cm, 포항시립미술관 소장)

는 뗏목으로 강을 건너는 병사들이 위치한다. 여러 척의 뗏목 사이로는 포탄이 터지고 물기둥이 솟는다. 이미 강을 건넌 병사들은 뗏목에서 내려 강둑을 방어벽 삼아 수류탄을 던지고 총을 쏘는 등 그림으로 봐도 치열한 전투이다. 공중에는 전투기 여러 대들이 이리저리 날며 긴박한 상황을 보여주고 강둑 너머 멀리로는 연기가 자욱한 걸로 봐서 포격이 진행됨을 알 수 있다.

세로 33.5cm×가로 50cm 비록 작은 크기의 그림이지만, 그림 한 장은 많은 이야기를 담고 있다. 그림 중앙에 배를 타고 쭈그리고 앉아 강을 건너는 저 병사들의 심정은 어땠을까. 한 장의 그림은 몇 줄이나 길게 적은 전사(戰史)보다 그날의 상황을 전달해주는 울림이 크다.

형산강 전투는 1950년 9월 5일부터 9월 22일까지 벌어진 전투이다. 형산강 이남으로 최후의 방어선을 구축한 후 강을 건너 반격에 나선 형산강 도하작전은, 인천상륙작전이 있은 9월 15일 다음 날인 9월 16일부터 있었다.

형산강 북쪽 제방에는 북한군의 견고한 참호와 교통호가 있었고 북한군 주력부대인 제5사단과 제12사단의 일부 병력으로 편성된 제12연대와 제45연대가 배치되어 있었다. 형산강 남쪽은 국군 제3사단 제23연대와 제26연대, 그리고 지원부대인 제22연대가 대치하고 있었다. 9월 14일 오후부터 18일까지는 포항 일대에 많은 비가 내려 형산강 수위가 높아져 도하가 매우 어려운 상황이었다. 강폭은 하구에서 400m, 양안을 연결하는 형산교 부근에서도 200m에 달했다. 수차례 도하 시도는 실패로 끝나고 상당한 인명피해가 발생하였다. 형산강의 수위가 높아 많은 병력이 동시에 도하할 경우 작전상 불리하다고 판단하고, 소규모 특공대를 편성하여 주력부대보다 먼저 도하시켜 대안의 북한군 진지를 탈취한 다음 주력부대가 도하하는 방법을 채택하였다. 당시, 국군 제3사단의 3개 연대는 이 특공대를 '결사대'라고 불렀다. 각급 지휘관들은 결사대를 지원하는 장병들이 너무 많아 대원 선발에 독자와 기혼자를 제외하는 등 심사숙고하였다고 한다. 그만큼 당시의 국군장병들은 불굴의 투지를 지니고 있었다.

9월 18일 새벽 4시부터 공격을 개시한 제23연대는 드디어 형산강을 건너 북한군 진지 점령에 성공하였다. 때마침 하늘에 구름 한 점 없이 맑은 날씨여서 오후 4시부터는 공군의 폭격과 해군의 함포사격을 지원받으며 지금의 포항공대 인근으로 추정되는 102고지를 점령하기 위한 발판을 마련하였다. 같은 날 새벽, 제22연대의 선발대인 제5중대는 제23연대가 대안에 당도한 상황을 확인하는 즉시 도하를 개시하였다. 공격하는 동안 결사대를 지휘하던 제5중대 제2소대장(허환 소위)은 좌측 팔에 관통상을 입었으나 끝까지 전진하여 목표인 연일교 부근 제방을 점령한 후 후속병력의 도하를 엄호하였다. 제22연대는 이날 16시경 도하작전을 성공하고 19시경 교두보를 설치하였다. 한편 제26 연대는 파괴된 형산교를 사이에 끼고 북한군과 치열하게 교전하던 중, 좌측 제22연대의 결사대가 대안으로 침투한 상황을 확인한 오전 6시경부터 도하작전을 전개하였다. 31명의 자원 결사대가 죽음을 불사하고 돌진하여, 그중 19명이 교량에서 쓰러지고 나머지가 간신히 교량 북단 제방을 확보하였다. 도하작전 선두에서 활약한 제26연대 제5중대 제3소대장(김판산 소위)의 증언에 따르면, 당시 교량부 참호에서 수냉식 기관총에 발이 묶여 있는 북한군 기관총 사격수 두 명을 목격했는데 그중 한 명은 죽어있었고 다른 한 명은 중상으로 의식불명이었다.

국군 제3사단의 3개 연대는 모두 형산강을 건너 교두보를 설치하는데 성공하였다. 이후 포항 시가지를 탈환하고 영덕, 울진, 삼척, 강릉을 차례로 회복하는 계기를 마련한 것이 형산강 전투에서 비롯하였다. 그리고 10월 1일, 국군 최초로 38도선을 넘어 북진하게 되었고 정부는 이날을 기려 '국군의 날'을 제정하게 되었다.[50]

---

50 김정호·김진홍·이상준·이재원 공저, 『포항6·25』, 도서출판 나루, 2021, 232-263쪽

산은
저마다의
역사를
간직하고

포항은 바다가 있으니 강이 있고 강이 있으면서 산도 유명하다.
서고동저의 지형을 이루고 있는 포항시의 서쪽에는 내연산
(711.3m)-향로봉(932.3m)-괘령산(869.1m)-비학산(761.5m)
으로 이어지는 산줄기가 태백산맥을 이루고, 포항시 남서쪽과
동쪽에는 형산(257.1m)-운제산(479.5m)에서 호미곶으로 이어
지는 상대적으로 낮은 산지가 분포한다.
　그런가하면 포항 도심에는 학산, 수도산, 탑산이 동해바다로
만나기 전 마지막 산을 이룬다. 높지 않으면서도 많은 이야기를
갖고 있는 산이 포항의 산이다.

내연산

폭포와 기암절벽 | 겸재 정선 | 보경사 | 한흑구 문학비 | 청하의 길

국가지정 '명승'이 된 내연산 폭포와 기암절벽들

내연산은 포항 북구 송라면과 죽장면, 영덕군의 남정면에 걸쳐 있는 산이다. 문헌에 따라 내영산(內迎山)과 내연산(內延山)이 혼재되어 사용하기도 하였는데, 이는 연오랑(延烏郞)과 영오랑(迎烏郞), 그리고 연일(延日)과 영일(迎日)처럼 발음이나 글자가 비슷하여 함께 사용했던 것과 같다고 할 수 있다. '종남산(終南山)'이라는 예전 이름에서 내연산(혹은 내영산)이라고 불린 연유는 신라 51대 진성여왕(?~897)과 관련이 있다. 이때는 신라의 국운이 다해갈 때여서 조정이 많이 불안했다. 옛 백제 땅에서는 견훤이 반란군을 이끌고 스스로 왕위에 올라 신라를 압박하고 있었다. 진성여왕과 신하들이 종남산으로 피난을 하였을 때이다. 비록 피난 신세였지만 종남산의 폭포와 산세가 너무나 아름다웠다. 그래서 안 내(內)자, 끌 연(延)자를 써서 '안으로 끌어들이는 산'이라는 의미로 내연산, 혹은 맞이할 영(迎)자를 써서 '안으로 맞이하는 산'의 뜻으로 내영산이라 지었다고 한다. 금강산의 아름다움

에 견줄 만하다 해서 소금강(小金剛)이라고도 했다. '2002년 세계 산의 해'를 기념하여 산림청에서 선정한 우리나라 100대 명산에 들어가기도 했던 내연산은 영일군 시절 군립공원으로 지정된 후 2023년 2월부터 '내연산 보경사 시립공원'이 되었다.

내연산의 지질은 중생대 말에서 신생대에 걸쳐 일어난 화산활동의 결과로 밝은색의 용암이 굳어서 된 유문암과 그 화산재가 퇴적되어서 만들어진 응회암으로 주로 구성되었다고 한다. 그만큼 바위 절벽이 많고 이들이 만든 협곡을 따라 폭포가 발달해, 산을 깊이 들어갈수록 '안으로 끌어들인다'는 산 이름에 수긍이 간다.

죽장면 상옥리 내연산 일대에 자리한 수목원은 2001년 개원 당시 이름이 내연산수목원이었다. 2005년 수목원조성계획의 변경으로 명칭을 경상북도수목원으로 고친 후 오늘에 이른다.

포항을 노래한 한시를 모은 권용호의 『포항한시』에는 내연산을 노래한 시만 176수나 수록되었다.

냇가와 골짜기 돌고 층층 길 지나,	川回谷轉路層層,
힘껏 높은 곳 당겨 순서대로 오르네.	盡力躋扳次第登.
열두 폭포는 쉼 없이 흐르고,	十二瀑流流不息,
한 줄기 근원의 샘물 본래 맑다네.	源泉一脈本淸澄.

   – 이정(李楨, 1512~1571), '내영산에서 노닐며[遊內迎山]'[51]

경주부윤으로 내영산(내연산)을 찾은 구암 이정의 시이다. 구암이 다녀간 후부터, 세상에 알려지지 않았던 내연산이 유명해졌다는 기록이 황여일의 〈유내영산록(遊內迎山錄)〉(1587)에 전한다.

구암 이정의 시구에 등장하는 내연산 열두 폭포는 500년이 지난 지금도 '쉼 없이 흐르고' 있다. 상생폭포, 보현폭포, 삼보폭포, 잠룡폭포, 무풍폭포, 관음폭포, 연산폭포, 은폭포, 복호1폭포, 복호2폭포, 실폭포, 시명폭포. 약 14km에 이르는 청하골, 하나의 계곡에 이처럼 여러 개의 폭포가 발달하는 경우는 매우 드물어 2017년 9월 국가지질공원으로 인증된 바 있다.

---

51 권용호, 『포항한시』, 도서출판 나루, 2021, 170-1쪽

제각각 아름다움을 간직한 폭포지만 제일 잘 알려진 폭포는 관음폭포와 연산폭포이다. 12폭포 중 여섯 번째 해당하는 관음폭포는 비하대(飛下臺)와 학소대(鶴巢臺)의 깎아지른 듯한 절벽이 병풍처럼 둘러싸고 있어 깊은 맛이 일품이다. 떨어지는 폭포 옆에는 관음굴(觀音窟)이 있고, 폭포 아래 연못은 관음담(觀音潭) 혹은 감로담(甘露潭)이라 부른다. 관음굴 위 바윗돌에는 1933년에 새겨진 '慶北八景(경북팔경)'이라는 글씨가 선명하다. 이 일대는 1990년 개봉한 영화 〈남부군〉(정지영 감독, 안성기 주연)에서 지리산 빨치산이 집단 목욕하는 장면을 촬영한 곳이기도 하다. 뿐만 아니라 2019년 넷플릭스가 제작한 한국 좀비 드라마 〈킹덤 시즌 1〉의 촬영지로도 이용되어 전 세계 190여 개국에 방영되기도 하였다.

관음담 옆에는 너럭바위가 있어 폭포를 마주 보고 감상하기에 아주 좋다. 주변 바위에는 폭포를 찾은 많은 이들이 그들의 이름을 남기기도 하였는데, 여러 새겨진 글자들 사이에서 '용추(龍湫)'라고 쓴 전서체의 글씨는 꼭 눈여겨보길 바란다.

◀ 12폭포 중 여섯 번째 해당하는 관음폭포는 비하대(飛下臺)와 학소대(鶴巢臺)의 깎아지른 듯한 절벽이 병풍처럼 둘러싸고 있어 깊은 맛이 일품이다.

'용추'란 말은 사전적 의미로는 '폭포수가 떨어지는 바로 밑에 있는 깊은 웅덩이'를 가리키며, 일반적으로 폭포라는 뜻으로도 쓴다고 한다. 관음폭포 주변으로 '용추'를 새겨놓은 곳은 세 군데 있다. 등산길을 따라 오르다가 관음폭포에 이르면 계곡을 건너기 위해 낮게 만든 시멘트 다리가 있다. 다리 입구 왼쪽에 보면 사각뿔 모양의 바위에 '용'과 '추'가 각각 새겨져 있다. 다리를 건너 오른쪽에 보면 '용'자는 보이지 않고 '추'자만 보이는 바위가 있다. 그곳에서 못 가까이 가면 이름을 많이 새겨둔 큰 바위가 있는데, 그 바위 윗면에 '용추'가 새겨져 있다. 하지만 '용 용(龍)'자, '못 추(湫)'자 글자 그대로의 모양을 찾다가는 발견하기가 어려울 수 있다. 익숙치 않은 전서체로 쓰여있기 때문이다.

관음폭포 앞의 큰 바위 위에 새겨진 '용추' 글씨.(사진. 진복규)

내연산 계곡의 수많은 바위 글씨 중 전서체로 새겨진 것이 '용추' 외엔 거의 없을 정도인데, 굳이 '용추'는 전서체로 쓰였을까. 답사를 함께 간 서예연구가 진복규 선생에 따르면, 전서는 가장 오래된 서체로 동아시아 고대 사회에서 신과 교통하는 문자였다. 통치자가 신에게 묻고 신의 뜻을 전달하는 절대적인 신성과 권위의 서체였다. 비석 제목인 비액 글씨와 이름자를 새긴 인장에 전서를 가장 많이 써 온 까닭도, 인장이나 비석의 주인공이 길이 복을 받고 신성하리란 생각에서였다. 용추도 마찬가지로 그 장소에 신성을 부여하고 복되리란 믿음과 기원에서 전서체를 사용하였으리라 본다.[52]

관음폭포 서쪽에 우뚝 솟은 봉우리가 비하대이다. 비하대는 1587년 황여일의 기록에는 월영대(月影臺)로 나온다. 속칭 기하대(妓賀臺)로 불렸던 것을 지금의 비하대로 명명한 이는 1754년 연일현감 대산(大山) 이상정(李象靖, 1710~1781)이다. 영남 퇴계학의 대학자인 그는, 주자의 칠언절구 〈醉下祝融峯(취하축융봉)〉의 마지막 구절 '朗吟飛下祝融峯(낭음취하축융봉)'에서 '飛下'를 취해서 봉우리 이름을 지었다. 중국 형산의 최고봉우리인 축융봉을 낭랑히 읊조리며 '나는 듯이 내려왔다'라는 시구를 인용함으

---

52 진복규, 〈알려지지 않은 포항의 금석문〉, 『2021포항학아카데미』, 도서출판 나루, 2021, 179쪽

소금강(小金剛)전망대가 설치되어 내연산의 바위 절벽들을 감상하기에 좋다. 맞은 편에 선열대와 비하대가 보인다.

로써, 내연산을 중국 형산으로 비하대를 축융봉으로 비유하였음을 알 수 있다.

그로부터 65년 뒤, 이상정의 손자 이병원(李秉遠)은 청하현감으로 부임하였다. 비하대 이름이 지어진 내력이 그의 조부와 관련된 사실을 알고, 유학자 강필효(姜必孝, 1764~1848)에게 '비하대'라는 큰 글자를 부탁하였다. 지금도 비하대 위 바위 윗면에 '大山先生命名 飛下臺'(비하대, 대산선생이 이름짓다)라는 글씨가 새겨져 있다.

관음폭포는 중용추에 해당한다. 그렇다면 상용추와 하용추가 있을진대, 각각 연산폭포와 잠룡폭포이다. 이렇게 삼용추가 있는 곳은 전국의 수많은 용추 중에 드물고 또 용추라는 바위 글씨가 남은 곳은 더욱 희귀하다.[53]

삼용추 중 상용추인 연산폭포는 12폭포 중에서 일곱 번째에 해당한다. 관음폭포에서 현수교를 건너야 연산폭포에 다다를 수 있다. 현수교를 건너기 직전 암벽에 보면 "巡使 金魯敬(순사 김노경)"이라는 각자가 눈에 띈다. 추사 김정희의 아버지인 김노경(1766~1840)이 순찰사로 이곳 내연산을 다녀가며 남겼다.

19세기 순조, 헌종 대에는 세도정치가 극심하던 때였다. 김노경은 경주 김씨로 헌종 6년에 권력투쟁의 희생으로 죽게 되는데, 그때 정적에 섰던 인물이 안동 김씨의 김양순(1776~1840)이다. 그 또한 모역 혐의를 받고 심한 고문으로 죽음을 면치 못했다. 경상도 관찰사를 지낸 그의 이름은 현수교를 사이에 두고 김노경과 함께 연산폭포 바위벽에 남아있다.

연산폭포는 내연산 12폭포 중 단연 으뜸이다. 폭포가 떨어지는 높이도 제법 높을 뿐만 아니라 수량 또한 풍부해 물보라를 일며 부서지는 소리 또한 웅장하다. 긴 시간 동안 연산폭포가 만든

---

53 같은 책, 174쪽

연산폭포는 내연산 12폭포 중 단연 으뜸이다. 폭포가 떨어지는 높이도 제일 높을뿐만 아니라 수량 또한 풍부해 물보라를 일며 부서지는 소리 또한 웅장하다.

깊은 웅덩이를 용담(龍潭)이라 하는데, 주변이 바위벽으로 둘러 싸여 있어서 더욱 깊어 보이고 아찔하다. 과연 용이 산다는 이름이 붙을만하다.

용담을 둘러싸고 있는 암벽 상부를 올려다 보면, 바위가 떨어져 나가 움푹 패인 작은 방처럼 보이는 감실(龕室)이 있다. 옛 시인들은 그곳을 청학의 둥지를 이르는 말로 '청학소(靑鶴巢)'라 불렀다. 청학은 신선이 타고 다니는 새이다. 청학소 아래 용담이 있으니, 위에는 학이 살고 아래에는 용이 있는 곳이라 여겼다.[54] 청학소가 있는 바위 절벽은 '학소대'라고 이름지었다. 학소대 위에는 '계조암(繼祖菴)'이라는 암자가 있었으나 현재는 터만 남아 있다.

하용추인 잠룡폭포는 12폭포 중 네 번째 해당하며, 선열대(禪悅臺) 아래 깊은 계곡에 잠겨있어서 '잠겨있는 용추'라는 의미로 '잠룡'이라 이름 붙었다. 선열대는 관음폭포를 지나 데크로 조성된 높은 계단을 따라가면 오를 수 있다. 지금은 선일대(仙逸臺)라고 부르는데 선열대의 와전이다.[55] 이곳에 오르면 연산폭포와 관음폭포는 물론 내연산 계곡이 한눈에 내려다보인다. 그리고 폭포 주변을 병풍처럼 둘러싼 기암절벽들이 그림처럼 아름다운 곳

---

54 "鶴之下則龍之居也"- 황여일 〈유내영산록〉
55 김희준·박창원, 『인문학의 공간, 내연산과 보경사』, 포항문화원, 2014, 81쪽

이다. 가히 내연산 최고의 전망을 볼 수 있는 곳이다. 예전에는 선열대 정상에 백운암과 그 남쪽 아래에 운주암을 합하여 이른 바 선열암이 있었지만 현재는 사라지고 없다.

내연산에는 두 개의 전망대가 설치되어 있다. 최고의 전망을 볼 수 있는 선열대에는 2015년 정자가 건립되어 전망대로서의 역할을 하고 있고, 또 하나는 선열대 맞은편 봉우리에 '소금강전 망대'가 2018년 설치되어 선열대의 웅장하고도 아름다운 모습을 한눈에 감상할 수 있다. 내연산 계곡을 두고 좌우에 각각 전 망대가 생겨서 계곡과 주변 기암절벽들을 다양한 각도에서 감상할 수 있게 되었다. 내연산의 아름다움을 금강산에 비유하여 '소금강'이라고 했던 데서 인용한 '소금강전망대'는, 가로 13m, 세로 8m 크기 반달 모양의 인공구조물을 기존 자연절벽에서 허공으로 튀어나오게 설치하여 마치 공중에 떠있는 듯한 아찔함을 갖게 한다.

한편, 12폭포의 첫 번째, 상생폭포에서 연산폭포에 이르는 일곱 개의 폭포와 주변 지역은 2021년 8월 국가지정문화재 명승으로 지정되었다. 포항은 북구 기북면에 있는 '용계정(龍溪亭)과 덕동숲'이 2011년 8월에 명승으로 지정된 바 있다.

내연산 폭포를 이야기하면서 반드시 떠올리는 인물이 있다. 바로 겸재 정선(1676~1759)이다. 내연산 폭포의 아름다움을 노래한 시인묵객과 달리 겸재는 그림으로 남겼다. 오늘날에도 내연산의 옛 모습을 알 수 있는 것은 그의 덕분이다. 연산폭포 용담 가에는 얕고 작은 웅덩이가 있다. 조선 인조 때 청하에서 귀양살이를 했던 부제학 유숙(柳潚, 1564~1636)이 1625년 용추를 방문하였을 때, 내린 비를 피했던 공간이라는 뜻으로 피우석(避雨石)이라고 이름 지은 곳이다. 그 주변 바위벽에서 정선의 이름을 찾아내는 일은 큰 기쁨이다.

연산폭포 바위벽에 세겨진 정선의 이름.
'갑인(1734)추 정선'이라 새겼다.
(사진. 진복규)

청하에 온 겸재 정선

"鄭敾 甲寅秋". 피우석에 새겨진 글귀이다. '갑인년(1734) 가을에 정선 다녀가다' 쯤 되겠다. 진경산수화의 대가로 알려져 있는 겸재 정선이 내연산 폭포를 다녀갔다. 그것도 다녀간 시기까지 정확히 밝히고 있어서 더욱 사실적이다. 겸재는 어떻게 내연산에 오게 되었을까.

본관이 광주(光州)인 정선은, 자는 원백(元伯), 호는 겸재(謙齋)이며 1676년(숙종2) 서울에서 태어났다. 비록 몰락한 양반 자손이였지만 도화서(圖畵署)에 소속된 전문 화원(畵員)은 아니었다. 겸재와 평소 가까이 지내던 권세가인 안동김씨 김창집은 겸재의 뿌리가 광주정씨 양반이라는 근거로 종6품인 위수(衛率) 자리를 얻어줄 수 있었다. 그렇게 벼슬길을 시작한 그는 한성부 주부(主簿), 하양현감을 거쳐 그의 나이 58세(1733년) 때 청하현감으로 부임하였다.[56] 내연산이 있는 청하에 겸재 정선을 보내 진경(眞景)을 그림으로 그리도록 하는 영조의 배려 덕분이었다.

청하에서 겸재는 화업에 열중했다. 외직으로 나오게 되면 그

---

56 청하현감으로 제수되기는 영조9년(1733) 6월 9일이었으나 8월 15일에야 영조에게 하직인사를 하고 청하로 내려왔다. 영조 9년(1733) 8월 15일자 승정원일기에 "청하현감 정선이 하직인사를 했다(下直, 淸河縣監鄭敾)"고 했다.

리운 사람들과 떨어져 사는 외로움도 있지만 그 적적한 생활 속에서 자기 자신을 더욱 돌아보며 생각을 심화시킬 수 있다는 큰 이점이 있었다. 서울에서 휩쓸려 살며 주위의 주문마다 응하며 그림을 그리던 겸재는 이제 다름아닌 자기 자신의 예술을 위한 그림을 그릴 수 있는 절호의 계기를 잡은 것이다.

59세, 환갑을 앞둔 노년의 겸재는 아직도 중년의 열정이 살아 있었고, 한편으로는 원숙한 필력을 갖추고 있었기 때문에 한껏 자기 예술을 펼쳐 볼 모든 준비가 되어 있었다. 그리하여 겸재는 바로 이 청하현감 시절에 〈내연삼용추도(內延三龍湫圖)〉, 〈금강전도(金剛全圖)〉 같은 명작을 그리며 사실상 겸재의 진경산수화풍을 완성하였다. 더욱이 이 그림들은 조선시대 회화로서는 보기 드문 대작이니 가히 본격적인 작품이라 할 것이다. 그런 의미에서 청하는 겸재의 화력에서 기념비적 이정표가 되는 곳이다.[57]

청하현감으로 재임 중에 청하를 소재로 남긴 작품은 다섯 점이다. 그가 머물던 청하읍성을 그린 〈청하성읍도(淸河城邑圖)〉(겸재정선미술관 소장)는 그 당시 읍성의 모습을 알 수 있는 귀한 자료이다. 현재 53%나 남아있어 보존상태가 양호한 청하읍성이 겸재의 그림처럼 복원되길 희망해 본다.

---

57 유홍준, 『화인열전1』, 역사비평사, 2001, 255쪽

내연산의 삼용추, 즉 잠룡폭포, 관음폭포, 연산폭포를 그린 〈내연삼용추도〉는 두 점이 전한다. 삼성미술관 리움에 소장되어 있는 〈내연삼용추도〉(134.7cm×56.2cm)는 규격이 말해 주듯 대작이다. 그림 윗부분의 암자는 계조암으로 지금은 터만 남아있다. 맨 윗부분의 폭포가 상용추인 연산폭포, 아래 두 가닥 물줄기가 중용추 관음폭포이며, 맨 아래 하용추가 잠룡폭포이다. 지금은 상용추로 가기 위해 구름다리가 놓여져 있지만, 그림에서는 사다리가 놓여져 있다.

국립중앙박물관에 소장되어 있는 〈내연삼용추도〉(44.5cm×35cm)는 계절을 달리하여 그린 듯하며, 겸재 특유의 도끼로 길게 찍은 듯한 장부벽준(長斧劈皴)의 강렬함이 나타나 있다. 〈내연삼용추도〉에서부터 겸재는 묵직한 적묵법(積墨法)과 격렬한 흑백 대비, 대담한 형태 변화, 과장과 생략 등을 구사하게 되었다고 하는데, 이런 겸재의 개성은 같은 해에 그린 〈금강전도〉에서 한껏 펼쳐지게 된다.[58]

간송미술관에 소장되어 있는 〈내연산폭포〉(38.3cm×25.8cm)는 그림 분위기가 앞 선 두 개의 작품과 사뭇 다르다. 그림에 겸재라는 이름이나 낙관은 없지만 전문가들은 이 작품 또한 겸재

---

58 유홍준, 같은 책, 255쪽

〈내연삼용추〉
종이에 수묵, 134.7×56.2cm
삼성미술관 리움 소장

의 작품으로 분류한다.

국립중앙박물관에 소장되어 있는 〈정선필관폭도(鄭敾筆觀瀑圖)〉(20.6cm×75.8cm)는 부채 그림이다. '정선이 그린, 폭포를 바라보는 그림'이란 뜻의 이 그림은 '소나무를 어루만지며 폭포를 바라보는 그림'이란 뜻의 〈무송관폭도(撫松觀瀑圖)〉라고도 하고 '선비가 소나무에 기댄 채 폭포수를 바라보는 그림'이란 뜻의 〈고사의송관란도(高士倚松觀瀾圖)〉라고도 알려진 그림이다. 그림 왼쪽에 "三龍湫瀑下 悠然見南山(삼용추 폭포 아래에서 유유히 남산을 바라본다)"라고 적혀 있어 내연산임을 알 수 있다.

이 그림은 삼용추의 실제적 특징을 살리지는 못했으나 실경을 염두에 두고 그린 것으로 해석할 수 있다. 화제(畫題) 뒷부분 "悠

〈정선필관폭도〉 종이에 수묵, 20.6×75.8cm, 국립중앙박물관 소장

然見南山(유연견남산)"은 도연명(陶淵明)의 음주시(飮酒詩)의 한 구절로 조선시대에 즐겨 사용한 그림의 소재이다. 이 그림에서는 폭포 너머로 산을 그려 놓아 시구절을 형상화하였다. 이처럼 이 부채그림에는 실경과 관념의 세계가 적절히 어우러져 있다.[59]

그림에서 선비가 서 있는 배경은 비하대로 추정된다. 황여일은 〈유내영산록〉에서 "말라비틀어진 솔이 거꾸로 걸렸으며 때때로 벼락이 그 뿌리를 태웠다. (중략) 월영대에 이르니 푸른 솔 두 그루가 있는데, 삼용추를 덮고 청학소와 마주하고 있었다."[60] 라고 하였다. 월영대는 비하대를 말하고 청학소가 있는 바위 절벽은 학소대이다. 과연 월영대(비하대)에 오르면 학소대가 마주하고 있고 그림에서와 같은 노송이 지금도 자라고 있다.

겸재의 청하현감 시절은 1735년 5월 막을 내린다. 모친이 세상을 떠남으로써 서울로 상경하게 되어서다. 하지만 약 2년 남짓 청하에 머문 기간은 청하의 아름다운 풍광들이 그림으로 남게 되는 소중한 시간이었다.

---

59 박창원·이재원·김상백, 『진경산수의 고향, 청하읍성』, 도서출판 나루, 2021, 91-2쪽
60 "其上只有枯松倒掛, 往往霹靂燒其根, (중략) 到月影臺, 臺有翠松二株, 直壓三龍湫, 與鶴巢相對"

보배스러운 거울[寶鏡]을 간직한 보경사

명산대찰(名山大刹). 이름난 산에는 유명한 절이 있기 마련이다. 내연산의 옛 이름 종남산이 역사에 등장하는 것도 보경사로 말미암음이다.

진평왕 7년(585), 신라 승려 지명은 불법을 배우기 위해 중국 진(陳)나라로 떠났다. 진나라에서 긴 수행 끝에 백마사를 찾았을 때의 일이다. 불교가 인도로부터 중국에 처음 전해진 것은 인도의 두 승려, 가섭마등과 축법란에 의해서였다. 그 옛날 이들이 중국으로 올 때 12면경과 8면경을 가지고 왔다. 12면경은 중국에 묻고 최초의 절 백마사를 지었고, 8면경은 해동에 전하여 불사를 일으키라는 말이 전해 내려온다며 8면경을 지명 본인에게 전해주는 것이 아닌가.

'동쪽 나라 해 뜨는 곳에 종남산이 있으며 산 아래 백 척 깊은 연못이 있으니 그곳이 바로 동국의 명당이다. 연못을 메우고 8면경을 묻은 다음, 땅 위에 법당을 창건하면 만세천추토록 무너지지 않을 것이다'

귀한 8면경을 가지고 신라로 돌아온 지명은 진평왕에게 사실을 알렸다. 진평왕도 크게 기뻐하며 함께 명당자리를 찾아 해 뜨는 동해안으로 향했다. 그때 보살 모양의 오색 구름이 떠 있어,

구름이 인도하는 대로 따라가니 과연 넓은 연못이 있었다. 8면 경을 묻고 금당을 지었다. 그리고 절 이름을, 보배 보(寶)자, 거울 경(鏡)자를 써서 보경사라 했다. 신라 진평왕 25년(603)에 창건된 보경사 연기설화의 내용이다.

보경사의 가람배치는, 임진왜란이 일어나기 5년 전인 1587년 황여일의 〈유내영산록〉에서 엿볼 수 있다.

'내연산은 청하현의 서북쪽 15리에 있는데 첫째 얼굴이 보경사이다. 절에 금당이 있고, 그 속에 세 입불이 모셔져 있었다. 목천(木天) 가운데에 비로자나불이 있고 좌우에 가사를 입은 문수보살, 보현보살이 있었다. 금당 위에 지장전이 있고 지장전 뒤에 관음각이 있는데, 관음각이 가장 처마가 높았다.'[61]

보경사의 금당은 적광전(寂光殿, 보물 제1868호)이다. 다행히 임진왜란 때 피해를 입지 않아 1569년에 조성한 적광전 내 수미단이 지금까지 전하고 있다. 현재 있는 적광전 건물은 1677년(숙종3)에 중건한 것이며 그 후 몇 차례 중수가 더 있었다. 적광전 뒤에 지장전이 있고 그 뒤에는 관음각이 있다고 하였으나 현재 보경사에는 적광전 뒤에 대웅전이 있고 그 뒤에는 팔상전(八相殿)이 있는 점이 다르다. 숙종 연간에 대대적인 중수가 이루어

---

61 "山在縣之西北十五里, 第一面曰寶鏡寺, 寺有金堂, 堂有三立佛, 木天而中者, 毗盧閣那, 袈裟以左右者文殊普賢, 堂後有地藏殿, 殿後有觀音閣, 閣最軒敞"(김희준 역)

적광전(寂光殿, 보물 제1868호)

질 때 현재의 대웅전 또한 중건하였으며 지금과 같은 가람배치가 이루어졌다고 본다.

적광전에 가면 꼭 눈길이 가는 조각상이 있으니, 건물 입구 양쪽에 있는 사자상이다. 1761년에 중건을 마친 사천왕문 입구 양쪽에도 사자상이 있지만 적광전에 있는 조각이 더 보존상태가 좋다. 흔히 사자상이라고 하면 크기도 크고 재질도 돌로 만들어서 위엄 있게 과장되게 보이려는 것이 대부분이겠지만 보경사 적광전의 사자상은 전혀 그렇지 않다. 문설주 아래 끼워두는 신방목(信枋木) 좌우에, 크기도 어쩌면 강아지 보다 작고, 재질 또한

적광전 입구 양쪽에 있는 사자상

나무로 만들어져서 오랜 세월 나뭇결이 닳고 헤진 모습이 무척이나 친근감이 간다. 사천왕상은 얼마나 무섭게 생겼는가. 또 부처님 전은 얼마나 경건하고 엄숙한가. 법당과 사천왕문을 들어가기 전에 작고 앙증맞은 사자 조각상은 오히려 더 잘 어울리는 것 같다.

　보경사는 적광전 외에도 국가가 지정한 보물을 포항에서 가장 많이 간직한 사찰이다.[62] 특히 1215년(고려 고종3) 왕명으로

62　보경사 적광전 외에도 보경사 원진국사비, 보경사 승탑, 보경사 괘불탱, 보경사 비로자나불도, 보경사 서운암 동종이 보물로 지정되었다.

보경사 주지를 맡은 원진국사(圓眞國師, 1171~1221)와 관련하여 두 점의 보물이 전한다. 원진국사는, 법명은 승형(承逈)이고 속가의 성은 신(申)씨이며 상락(上洛, 현재의 상주)의 산양(山陽) 출신이다. 보경사 주지에 임명되어 허물어진 절을 중창하는 데 힘썼으며 입적 후 국사(國師)로 추증되었다. 원진국사가 입적한 3년 뒤인 1224년(고려 고종11)에 건립된 원진국사비(보물 제252호)는 머리 없이 거북받침돌 위에 몸돌만 올려놓은 간결한 형태이다. 비석의 위쪽 양끝을 접듯이 잘라놓은 점과 둘레에 독특한 당초무늬로 장식을 한 것이 특징이다. 국자감 대사성 이공로(李公老)가 왕명으로 비문을 짓고, 글씨는 김효인(金孝印)이 썼다.

보경사에서 고즈넉함을 맛보려면 보경사 승탑(보물 제430호)을 놓치지 말기를 권한다.

절을 뒷문으로 나와 가파른 계단 길을 약 200m 오르면 단아하면서도 진중한 부도(浮屠)가 기다리고 있다. 많은 참배객과 등산객이 붐비는 경내와 달리 찾는 이도 별로 없어서 조용한 산사의 느낌을 온전히 가질 수 있다. 무엇보다 돌에 새겨진 800년 세월의 무게가 감동을 일으킨다. 탑의 전체 높이는 4.5m로 키가 큰 편이다. 승탑은 탑신 모양에 따라 나뉜다. 탑신이 종과 같

보경사 승탑(보물 제430호) ▶

이 생긴 것은 석종형(石鐘形)이라 하고, 탑신이 팔각형으로 크고 화려한 것은 팔각원당형(八角圓堂形)이라 하는데 보경사 승탑은 팔각원당형이다. 승탑은 아래에서부터 기단부, 탑신부, 상륜부로 나뉘지며 기단부는 지대석 위에 하대석, 중대석, 상대석으로 다시 나뉜다. 보경사 승탑은 상대·중대·하대 삼단 팔각 형태이며, 하대석 윗단에 32잎의 복련(연꽃)을 둘러놓았다. 중대석은 팔각 모서리마다 기둥을 조각하였고 상대석에는 피어오른 연꽃잎을 새겼다. 꽃잎 가운데 세로줄을 넣고 볼록하게 다듬어 양질감을 더해준다.

탑신은 8각 몸돌의 길이가 다른 승탑의 2배 정도로 길다. 면마다 긴 네모꼴 틀을 둘레에 돌렸으며 앞·뒤에 각각 자물쇠 하나씩을 새겼다. 지붕돌도 8각이다. 지붕의 낙수면 경사는 완만하고 모서리에서 뻗어 나온 곡선 끝마다 꽃장식이 조그맣게 솟아 있다. 추녀돌은 두텁고 처마는 살짝 들려 있다.

지붕돌 위의 상륜부 장식은 연꽃 받침에 염주 모양의 무늬를 새긴 복발(覆鉢)을 올리고, 연꽃 조각이 새겨진 돌을 놓은 다음 보주(寶珠)를 얹었다. 전체적으로 팔각형을 기본으로 삼고 있으며 본래 모습이 잘 보존된 완전한 형태의 승탑이다.[63]

63 안수경·이남림, 『쉽게 풀어 쓴 포항 문화재』, 포항문화원, 2020, 52-3쪽

한흑구 문학비

보경사에서 나와 서운암 가는 길로 가다보면 왼편에 작은 문학비가 하나 있다.

흑구(黑鷗) 한세광(韓世光) 선생은 한국 문단의 원로로서 남달리 이 고장을 사랑하셨으니 저 푸른 영일만은 항상 선생이 즐겨 거니시던 곳이었으며 수필 문학의 고전으로도 남게 될 많은 주옥 편들이 모두 이 고장에서 쓰여졌습니다. 이에 선생이 가신지 세 해 만에 한국문인협회 포항지부에서는 여러 유지 후학들의 뜻을 모아 여기 조그만 돌을 세워 삼가 선생의 큰 뜻을 기리는 바입니다.

글은 손춘익 짓고 글씨는 향파 이주홍 씀

1983년 음 4월 초파일

흑구 한세광(1909~1979) 선생은 평양에서 태어나 평양 숭인상고를 졸업하고 보성전문학교 상과 재학 중 부친 한승곤 목사가 105인 사건에 연루되어 일제 압박을 피해 미국으로 망명할 당시 부모와 함께 도미하였다. 시카고 노스파크대학과 필라델피아 템플대학교 신문학과에서 문학 수업

"보리 너는 항상 순박
하고 억세고 참을성
많은 농부들과 함께
이 땅에서 영원히 사
라지지 않을 것이다."

　　작품「보리」에서-

한흑구 문학비

을 하던 중 1934년 모친 숙환으로 귀국하여 이때부터 활발한 집필활동을 했다. 그는 1939년 흥사단사건으로 왜경에 검거돼 1년간 옥고를 치르기도 하였다. 1945년 평양에서 고당 조만식 선생이 마련해 준 낡은 트럭을 타고 해주를 거쳐 서울로 온 선생은 미군정청에 발탁되어 통역관으로 일하게 되었다. 일정한 수입과 안락한 생활을 보장받는 자리였으나 그는 한적한 바닷가를 찾아 1948년 포항으로 이주하였다. 그리고 1950년 전쟁이 났다. 부산까지 피난을 갔다가 다시 12월에 돌아온 포항은 참혹한 모습이었다. K3 영일비행장에서 통역관으로 취직한 한편, 폐허가 된 포항의 모습 앞에서 시민들이 차가운 겨울을 이기고 일어서는 푸른 보리처럼 절망을 딛고 다시 일어서기를 소망하며 4년여 후 1955년 동아일보에 수필 〈보리〉를 발표하였다. 1957년까지 통역관으로 근무를 한 후 1958년 포항수산대학 교수로 직장을 옮겨 정년퇴직까지 근무하였다. 포항수산대학에서는 학보사를 만들고 첫 주간을 담당했으며, 학보에 수필 〈가을 하늘같이〉를 발표하는 등 학생들의 문학활동을 격려하였다.

사실 1950~70년대까지 긴 세월 동안 한흑구 선생은 포항과 중앙문단을 잇는 유일한 다리였다. 서정주, 김동리, 이원수, 박목월, 이주홍 등 중앙문단의 유명인사들이 외진 포항을 찾은 것도 한흑구 선생 덕분이었다. 이런 한흑구 선생의 배려와 격려가 오늘날 포항 문학의 밑거름이 된 것은 물론이다. 1979년 선생이 타계하자 그로부터 4년 뒤인 1983년 음력 4월 초파일에 포항문인협회가 중심이 되어 한흑구문학비를 세웠다. 선생이 즐겨 거닐던 송도나 포항대학 교정에 문학비를 세우고자 하였으나 장소가 마땅하지 않자 당시 서상은 영일군수 노력으로 보경사 한쪽 솔숲에 시비를 건립하게 되었다. 문학비에는 선생의 수필 〈보리〉의 다음 구절이 새겨져 있다. "보리 너는 항상 순박하고 억세고 참을성 많은 농부들과 함께 이 땅에서 영원히 사라지지 않을 것이다."

평생의 스승으로 도산 안창호를 존경하며 그의 '무실역행(務實力行)'을 좌우명으로 삼은 한흑구 선생은, 기회 있을 때마다 영국 시인 윌리엄 워즈워스(William Wordsworth)의 시를 인용하곤 했는데 시의 내용처럼 '생활은 검소하게, 생각은 고상하게(Plain living and High thinking)'를 실천한 삶이었다.[64]

---

64 김일광, 〈포항에 깃을 내린 흑구 한세광〉, 『기억의 저편, 원로-원도심이야기』, 포항문화재단, 2020, 110-47쪽

그 외 포항 소재 문학비

● 노계 박인로 시비

박인로(1561~1642)는 영천 출생으로 조선중기의 문인이며 호는 노계(蘆溪)이다.

노계의 문학은 일상어를 통한 사실적인 묘사와 질박하면서도 유려한 문체구성의 웅장함으로 일찍이 정철, 윤선도와 함께 조선시대 시가문학의 한 지주로 높이 평가를 받아왔다.

특히 죽장에 머물던 여헌 선생과의 교분은 각별하였으며 69세 되던 해에 여헌 선생을 찾아 죽장에 왔다가 입암의 풍광에 심취하여 지은 시조 「입암 29곡」은 노계 문학 중에서도 빼어난 작품으로 평가받고 있다.[65]

65　김일광, '노계 박인로 시비' 뒷 명문, 2001

五巖

蘆溪朴仁老詩碑

無情히셔는바회
有情하야보이는다
最愛호은도
直立不倚어겻꼴
蕙古애굿게셔저열구리
고칠적이업누다

● 박목월의 「기계 장날」 시비

박목월(1916~1978)은 경주시 건천읍 모량리에서 출생하였고 이름은 영종(泳鐘)이며 목월(木月)은 시를 쓸 무렵 본인이 지었다. 건천공립보통학교, 대구 계성고등보통학교를 졸업하고 동부금융조합에 입사하였다. 이후 대구 계성고등학교 교사를 시작으로 교직에 종사하여 서울대학교 음악대학을 비롯 여러 대학에 출강하였으며 한양대학교 국어국문학과 교수 및 문리과대학 학장 등을 역임했다.

조지훈, 박두진 등과 청록파를 결성하고 『청록집』(1946) 시집을 발간하였으며, 『산도화』(1955), 『청담』(1964), 『경상도의 가랑잎』(1968) 등의 시집을 발간하였다.

박목월 시인은 포항과 관련해서 「기계 장날」과 「청하」라는 두 편의 시를 남겼는데, 기계면에는 「기계 장날」 시비가 있다. 청하면에도 아름다운 시 「청하」가 시비로 탄생하길 바래본다.

청하의 길

겸재, 박목월 이런 분들의 발자취로 청하는 이름만 들어도 설레는 고장이다. 그리고 한 사람의 이야기가 더 있다.

지난 2000년의 일이다. 〈청하의 길〉이라는 제목의 음반이 나왔다. 가수 이름은 '아라이 에이치'. 웬 일본 사람이 청하의 길? 의아해할 수 밖에 없다. 먼저 노래의 첫 대목을 들어보았다.

아시아의 넓은 땅 보고 싶어서 나는 혼자서 길 나섰네 / 현해탄을 배로 건너 부산 항구를 바라보면서 / 날이 새는 것을 기다렸었네 // 부산의 부두에서 버스를 타고 해운대 바다 보았네 / 이곳이 아버지의 고향이라니 생각하고 사람들의 얼굴을 보니 / 어쩐지 그리웠던 기분이 든다 // 우리말을 못하는 슬픔에 손짓 발짓으로 얘기했지 / 나는 이 곳에 가고 싶다고 한반도 지도를 펴놓고 / 경상북도를 가리켰었네

절규하는 듯한 그의 목소리가 끈적끈적한 블루스 리듬에 얹혀, 듣는 이의 심금을 울리는데 가사 내용마저 뭉클하게 한다. 그의 이력을 살펴보았다.

한국 이름은 박영일. 1950년 일본 후쿠오카에서 한국인 아버지와 재일 조선인 어머니 사이에서 태어났다. 아버지는 고향이

경상북도 포항시 청하면 서정리인데 강제징용으로 일본에 끌려 갔다가 재일 조선인, 즉 조총련 아내를 만났다. 하지만 아버지 는 중노동 끝에 얻은 결핵으로 아들이 태어나자마자 요양소로 떠나게 된다. 아들과 함께 살아보지도 못하고서 말이다. 남은 자식들은 어머니의 몫이었다. 어머니는 쇳조각을 모아서 파는 고물상을 하면서 어렵게 자식들을 키웠다. 어린 아들 박영일도 학교 오갈 때 자석을 끈에 매달고 다니면서 철못을 주우며 다녔 다고 한다.

그러던 어느 날 갑자기 경찰이 집에 와서 어머니를 끌고 갔 다. 그리고는 1년간 못 돌아오게 되었다. 나중에 알게 된 일이지 만, 전깃줄 도둑의 물건을 어머니가 몰라서 사는 바람에 장물아 비란 누명을 쓰고 형무소에서 1년 있었던 게다. 어머니마저 갑 자기 형무소로 끌려가니 남은 가족은 어떻게 되었겠나. 그야말 로 고아나 다를 바가 없게 되었다. 학교에 가면 따돌림을 당하 고, 친구도 없이 외톨이였는데, 그때 처음 들어본 말이 '조센징' 이었다. 어린 마음에 점점 삐뚤어져 갔다. 복수를 하겠다고 싸움 도 하면서 불량배가 되어 갔다.

어머니는 1년 후 보석으로 풀려 나왔지만 박영일은 학교 가기 도 싫고 해서 15살에 집을 나왔다. 세상의 냉정함을 맛보며 여 기저기 일을 하다가 미군기지 외국인 바에서 일을 하게 되었다.

술집에서 일하면서 재즈, 블루스 등 미국 음악을 들으면서 자기 안에 음악성을 발견하게 된 것도 그때다. 그리고는 미국을 동경하게 되었다. 아버지가 돌아 가셨다는 전보를 받고, 돌아가신 아버지의 얼굴을 보게 되지만 한 번도 같이 안 살아본 아버지인지라 눈물도 나지 않았다고 한다. 스물한 살이 되던 해 미국으로 가는 배를 탔다. 미국에서 "너는 누구냐?"란 질문에 이렇게 답했다고 한다. "나는 코리안 재패니즈다. 일본에서 태어나 자랐지만 아시아의 피를 잇는 사람이다."

미국 뉴욕에서 접시를 닦으며 음악 활동을 한 지 4년. 스물다섯 살에 낡은 기타 하나 들고 도쿄로 돌아왔다. 기어이 가수가 되겠다고 다짐을 하고 말이다. 하지만 도쿄에서 주목을 받지는 못하였다. 그러던 1986년, 어머니마저 세상을 떠나 절망에 빠져 있던 날, 무작정 아버지의 고향인 경북 청하를 찾아 나섰다. '몸에 흐르는 뜨거운 피가 어찌할 줄 모르게 그리워하여 그것이 청하로 달리게' 했다고 한다. 청하를 찾아가는 여정을 마치 편지 쓰듯, 일기 적듯 담담하게 적어서 노래로 만든 것이 〈청하의 길〉이라는 앨범이다.

내용을 좀더 살펴보자. 청하에 와서는 면사무소에서 아버지의 호적을 찾아낸다. 그리고 호적에 본인 이름도 있는 것을 확인하고 흐뭇해 한다. 아버지 태어난 곳을 보고 싶다고 마을 사람에게 부탁해서 결국 찾아가게 된다. 그리고 청하에서 '자기 정체성'이 랄까, 자기가 누구인지 자신의 뿌리가 어디에 있는지를 알게 된다. 자신의 일본 이름이 아라이 에이치인데, 한문으로 적고 우리식으로 발음하면 '신정 영일'이다. 한국 이름은 박영일이다. 결국 이름이 '영일'인데 청하에 와서 청하 앞 바다 이름이 영일만이라는 걸 알게 된다. 아버지가 일본에서도 영일만을 그리워하며 자기 이름을 지은 것을 깨닫게 된다.

마을을 나서니 나의 눈앞에 / 끝없이 펼쳐진 푸르른 바다 // 저 바다 이름은 영일만이래 / 나의 이름도 영일이야 // 똑같은 이름이란 걸 처음 알았네 // 나라에 국경이 있다하여도 / 부자간엔 그런 것 있을 수 없지 // 이제까지 흐려서 보이지 않던 / 눈앞이 트이고 맘은 환해져 // 안개 개인 하늘처럼 맑아졌다오

일본에서 태어나서 힘들게 살아가신 부모님, 또 주변으로부터 들은 멸시 등 순탄치 않은 가정사를 역사의 아픔으로 인식하면서, 그동안 쌓였던 한과 울분을 날려버리고 마음이 맑아진 것을 느꼈다. 그리고 이 여정을 음악으로 발표하는 데 9년이 걸렸다. 청하를 처음 찾아온 것이 1986년이고 음악으로 담은 〈청하

의 길〉이 발표된 것은 1995년이다. 물론 일본말 가사였다. 음반이 발표되고 그해 제37회 일본레코드대상 앨범상을 수상하게 된다. 뿐만 아니라 뉴욕 카네기 홀에서 초청 공연도 하게 된다. 정말 무명일 때 뉴욕의 술집에서 접시를 닦으며 음악을 듣던 시절을 생각하면 감회가 새롭지 않았을까? 자기의 뿌리를 찾는 과정을 노래에 절절히 담음으로써 해외에서도 인정받는 가수가 된 것이다.

아라이 에이치의 〈청하의 길〉 음반 표지. 1995년 일본에서 발매된 음반으로 일본레코드대상 음반상을 수상하였고 2000년 서울음반에서 한국어판으로 발매되었다.

기타, 피아노를 독학으로 배웠다고 하니 정말 대단하다. 그리고 곡의 각 장의 끝부분에는 후렴구처럼 "아리아리랑 스리스리랑 아라리요. 아리랑 고개를 나는 간다"가 반복되어 붙는다. 우리나라 아리랑이 그렇지 않나. 그래서 이 곡을 〈청하 아리랑〉이라고도 한다. 노래를 들으면 블루스나 재즈 같은 미국 음악에 왠지 우리 음악 시나위 같은 국악 느낌도 난다. 하지만 우리 국악을 배운 적은 없다. 배우지 않아도 핏줄의 기억 속에 자리 잡고 있었다고 그는 말한다. 다만 그걸 끌어내는 데 시간이 걸렸을 뿐 한번 끌어낸 후엔 그 피의 기억을 좇아 부르기만 하면 되었다.

　〈청하의 길〉은 총 여섯 개의 장으로 이루어져서 각 장마다 소제목이 붙어 있다. 일본에서 경북 청하로 가는 〈여행길〉, 청하에서 자기를 발견하게 되는 〈고향〉, 포항에서 부산으로 가는 기차 속에서 떠올려보는 어린 시절의 〈추억〉, 외국인 바에서 일을 하며 음악을 동경하던 〈청춘〉, 편도 티켓을 손에 들고 찾은 〈미국〉, 부산항에서 일본으로 돌아가서 반기는 그의 처자를 부둥켜안는 〈가족〉이다. 그리고 각 장은 8절로 이루어져 노래 전체가 48절이다. 마지막 48절의 가사는 포항 청하를 다녀와서 가족의 소중함을 알게 되는 내용이다.

나의 뿌리는 대륙이요 / 조선반도라고 불리는 곳 // 나의 아버지는 그 옛날에 / 바다를 건너서 왔소라고 // 자자손손 대대로 전해 주리라

　　청하의 길은 재일 교포가 뿌리를 찾아 아버지의 고향을 찾아 온 길로만 국한하기에는 벅찬 무엇이 있다. 단순히 그가 바다를 건너고 산을 몇 개나 넘어서 찾아온 그 길만을 가리키는 것이 아니기 때문이다. 길을 땅바닥에 새겨진 기억이라고 정의한다면, 청하의 길은 그만 걸은 길이 아니라 그의 아버지도 걸은 길이요 슬픈 한 시대가 걸은 길이다. 길은 일본과 한국이라는 공간적 연결뿐만 아니라 그와 그의 아버지라는 시간적 차이도 이어준다.

하염없이 이어진 기나긴 길 / 저기 저 멀리 산이 보이네 // 아버지도 그 옛날 이 길을 / 걸어서 오셨다고 생각하니 // 가슴이 서서히 뜨거워지네 // 이제사 왔냐고 내 고향이 / 두 손 벌려서 기뻐하며 // 반가이 맞아주는 기분이 나는 / 사랑스런 대지에 바람이 불어 // 혼자서 걸어가는 청하의 길

운제산

창해역사 | 대왕암 | 오어사

창해역사(滄海力士)와 대왕암

운제산(雲梯山)은 포항시 남구 오천읍 항사리와 대송면 산여리에 걸쳐 있다.

'운제'라는 산 이름은, 신라의 두 번째 왕인 남해왕(南解王)의 부인 이름에서 연유하였다. 남해왕의 아버지는 박혁거세이다. 『삼국유사』권1 기이(紀異)편 남해왕조에는 이렇게 적혀있다.

'아버지는 혁거세이고 어머니는 알영부인이다. 비는 운제부인(雲帝夫人, 운제(雲梯)라고도 하는데, 지금의 영일현 서쪽에 운제산(雲梯山) 성모(聖母)가 있어 가뭄에 비를 빌면 응험이 있다고 한다.)이다.'[66]

신라의 왕비와 운제산 산신인 성모를 일치시킨 고대의 제정일치 사상을 엿볼 수 있다.

또 다른 유래설은, 지금도 운제산에 가면 한쪽 절벽에 자장암,

---

66 "父赫居世, 母閼英夫人, 妃雲帝夫人, (一作雲梯. 今迎日縣西, 有雲梯山聖母, 祈旱有應.)"

맞은편 산에 원효암이 있는데 이 두 봉우리를 구름을 사다리 삼아 넘나들었다 해서 '구름 운(雲)'자 '사다리 제(梯)'자를 써서 운제산이라 했다고 한다. 어떤 이야기가 진실이냐, 사실에 가깝냐는 중요치 않다. 그만큼 이야기는 많으면 많을수록 풍부한 상상력을 만들어주기 때문이다. 운제산은 이야기가 풍성한 산이다.

옛날 왜국에 힘센 역사(力士)가 한 명 있었다. 이 역사는 일본 전국을 두루 다니면서 힘겨루기를 일삼았다. 힘이 세다는 일본의 모든 장수를 굴복시킨 후 조선으로 건너왔다. 전국 방방곡곡을 돌아다니면서 강한 자가 있다는 소문만 들으면 그곳으로 달려가 힘을 겨루어 모두 물리쳤다.

어느 날, 영일땅 운제산 대각봉에 다다르니 동해가 활짝 열리고 수평선 너머에 고국 일본이 보일 것만 같았다. 문득 고향과 부모 형제 생각에 젖어 있는데 등 뒤에서 인기척이 났다. 깜짝 놀라 뒤돌아보니 한 역사가 버티고 있었다. 키는 하늘을 찌를 듯하고 몸은 태산과 같았으며, 눈은 혜성같이 빛났고, 팔다리는 동철에 갑주를 둘러놓은 것 같았다. 이 역사는 뇌성벽력 같은 소리로

"네가 일본에서 건너왔다는 역사인가?"

"그렇다, 너는 누구냐?"

"요사이 이 나라 방방곡곡을 돌아다니면서 힘을 과시하는 왜

인이 있다더니 바로 너로구나. 나는 조선의 창해역사다. 너를 찾아 수십 일을 헤매다가 오늘 여기서 만나게 되었구나."

창해역사와 일본역사가 치고받고 싸우니 운제산이 뿌리째 흔들리는 것 같았고, 바람과 먼지가 천지를 뒤덮었다. 하늘을 날고 땅을 치며 싸우다가 일본역사가 넘어지면서 손을 짚었는데, 그곳이 그만 움푹 꺼지면서 바닷물이 밀려 들어와 호수가 되었다. 이 호수가 지금의 영일만이 되었다.

일본역사는 창해역사 앞에 무릎을 꿇고 군신의 예를 갖추게 된바, 여기서 창해역사는 임금이 되고, 일본역사는 신하가 되었다. 그 장소가 바로 운제산 정상부에 있는 대왕암인데, 대왕암이란 이름은 창해역사가 일본역사를 이기고 왕이 된 데 연유한다고 한다.[67]

영일만 형성설화이다. 영일만이 만들어진 이야기에 나오는 창해역사는 중국 역사서에도 나온다. 사마천의 『사기』에 창해역사는 장량과 함께 진시황을 처단하려다 실패한 장사로 기록되고 있으며 무려 120근이 넘는 쇠방망이를 자유자재로 휘둘렀다고 한다. 재미있는 것은, 홍직필의 『창해역사 유허기』, 홍만종의

67 『포항의 역사와 전통』

『순오지(旬五志)』 등에 그의 출생이 강릉 대창리라고 적혀 있으며 강릉 대성황사에서는 오래 전부터 창해역사를 성황신으로 모시고 있고, 관노가면극의 시시딱딱이가 창해역사를 형상화한 것이라고 한다. 강릉 옥천동주민센터 뒤편 옛 여성회관 옆에는 '창해역사유허비(滄海力士遺墟碑)'가 있다.

운제산 대왕암.

대왕암은 해병대 천자봉

운제산은 해발 482m로, 그리 높은 산은 아니지만 산 정상에 오르면 사방으로 시야가 탁 트인다. 형산강과 영일만 바다를 비롯하여 첩첩으로 쌓인 주변 산들을 굽어볼 수 있다. 1744년에 쓰인 〈영일 운제산 오어사 사적〉에도 그 장쾌함이 나와 있다.

'대왕암에 올라 눈을 들고 가슴을 열면 사방 100리 안의 산천이 막힘없이 다가서며, 푸른 바다의 큰 파도와 형산강에서 뛰노는 물고기를 앉아서 볼 수 있다.'

영일현의 진산이라 불린 이유를 짐작하겠다.

운제산 정상에는 정자 형태의 전망대가 2007년부터 설치되어 있다. 전망대에서 발 아래를 내려다본 후 700m가량 산 능선을 따라 걸어가면 우뚝 선 대왕암이 보인다. 영일만을 만들게 되었다는 창해역사와 일본역사의 이야기에 나오는 그 대왕암이다. 산 능선길에 나타난, 높이 30m, 둘레 50m 규모의 큰 바윗돌은 보기에도 웅장하고 신령스러워 보인다. 대왕암 앞에는 제사를 지낼 수 있도록 제향단도 갖추어 놓았다.

대왕암을 천자봉이라고 부르는 이들이 있다. 바로 해병대원들이다. 운제산을 오르다 보면 다른 산에서는 절대 볼 수 없는, 빨간 바탕에 노란색 글자의 표지판을 마주치게 된다. 해병대의 고

유 색상이다. 30년 해병대 외길을 걸어온 박하서 예비역 중령은 천자봉에 대해 이렇게 설명한다.

'장교든, 부사관이든, 해병이든, 빨간 명찰을 달기 위해서는 반드시 가야만 하는 길은 운제산 대왕암, 즉 천자봉이다. 이 길은 '한번 해병은 영원한 해병'이 되기 위해 걸어야 하는 최초의 길이다. 그들은 빨간 명찰의 해병대 일원이 되기 위하여 포항에 왔고, 그 목적지에 운제산 대왕암, 즉 천자봉이 있다. 천자가 난 봉우리라 하여 이름 붙여진 천자봉은 해병대 창설과 더불어 해병대 장병 양성의 상징적 영봉(靈峯)으로 해병대 구성원이면 현역이나 예비역 할 것 없이 누구나의 가슴속에 깊이 자리매김한 해병대의 정신적 지주라고 할 수 있다.'[68]

원래 천자봉은, 초기 해병대 사령부가 자리 잡은 경남 진해에 있는 장복산 산맥의 해발 650m 산봉우리이다. 해병대는 1949년 4월 15일 진해 덕산비행장에서 해군으로부터 편입한 장교 및 하사관 80명과 해군 신병 제13기 중에서 선발한 해병 제1기 300명으로 창설되었다. 최초의 천자봉 정복훈련은 해병1기 신병 수료를 기념하기 위하여 진해에 있는 장복산 천자봉에서 시작되었다. 이후 1985년 제2해병훈련단(현, 해병대 교육훈련단)이

68 박하서, 〈대한민국 해병대의 길〉, 『포항의 길』, 포스텍 문명시민교육원, 2021, 172-4쪽

진해에서 포항으로 이전됨에 따라 지금의 운제산 대왕암을 제2의 천자봉으로 명명하고 지금까지 '천자봉 정복훈련'을 실시하여 전통을 계승 발전시켜오고 있다고 한다.

해병대도 포항의 중요한 문화유산이라 할 만하다. 현재 포항에는 해병대 1사단, 해병대 교육훈련단, 해병대 군수단 등이 있다. 3곳에서 복무 중인 군인은 1만 명이 넘는다. 포항은 100만 예비역 해병의 제2의 고향이다.

몇 해 전부터 포항에서 '해병대문화축제'가 이어지고 있는 것도 포항과 해병대의 끈끈한 관계를 말해준다.

해병대문화축제. 포항과 해병대의 끈끈한 관계를 말해준다.(사진. 최창호)

오어사

　운제산 동쪽 자락에 오어사가 자리하고 있다. 오어사는 진평
왕 때 자장율사가 창건했다고 전해지며 처음의 절 이름은 '항사
사(恒沙寺)'라 불렀다. 삼국유사에도 항사사가 나오는 만큼 유서
깊은 절이다. '전하는 말에 항사수의 모래알처럼 많은 사람들이
세속을 벗어났으므로 항사동이라 부른다.'[69]라고 절 이름에 담
긴 뜻을 각주로 풀이해두었다. 절 이름은 오어사로 바뀌었지만,
지금도 절이 있는 마을 일대가 오천읍 항사리로 마을 지명에 '항
사'라는 말이 남아있다. '항사'라는 말은 불교 용어로, 갠지즈강
의 모래알처럼 무수한 수를 가리키는 비유이다. 신라 때 항사사
에는 당대 최고의 스님인 자장, 의상, 혜공, 원효 이렇게 네 분이
계셨을 만큼 대단한 절이었다. 네 분의 이름을 딴 암자가 있었는
데, 혜공암, 의상암은 소실되었지만 자장암, 원효암은 지금도 남
아 있다. 앞서 언급한, 운제산 이름의 구름으로 만든 사다리설도
이 두 곳을 원효스님과 자장율사가 넘나들었다는 얘기이다. 그
러나 더 재밌는 이야기는 항사사가 오어사가 된 이야기이다. '운
제산은 이야기가 풍성한 산'이라는 말은 오어사라는 절 이름이

69　"諺云, 恒沙人出世, 故名恒沙洞"

오어사 현판.
해강 김규진의 글씨이다.

생긴 내력에서도 확인이 된다. 『삼국유사』 권4 의해(義解)편 이
혜동진(二惠同塵)조에는 다음과 같이 나온다.

　이때 원효는 여러 불경의 소(疎)를 지으면서 항상 혜공을 찾아가 의심
　나는 것을 물었는데, 가끔씩 서로 말장난을 하기도 했다. 어느 날 원효
　와 혜공이 시냇가에서 물고기와 새우를 잡아먹고 돌 위에 대변을 보았
　는데, 혜공이 그것을 가리키며 장난스럽게 말했다.
　"너는 똥을 누고 나는 고기를 누었다.[汝屎吾魚]"
　그래서 오어사(吾魚寺)라고 이름을 지었다.[70]

　時元曉撰諸經疎, 每就師質疑, 或相調戱, 一日二公, 沿溪掇魚蝦而啖之,
　放便於石上, 公指之戱曰, 汝屎吾魚, 故因名吾魚寺

70　일연 지음, 김원중 옮김, 『삼국유사』, 민음사, 2021, 447-8쪽

오어사 전경(사진. 안성용)

고려 때 『삼국유사』를 집필한 일연스님 또한 오어사와 인연이 깊다. 1264년, 당시 일연스님 나이 59세 때 이곳 오어사에 와서 4년간 머물면서 불교개혁을 위한 인홍사(仁弘社)를 열자 신도들이 인산인해를 이루었다고 전한다.

주차장에서 오어사로 들어가다 보면 무심코 동쪽으로 난 작은 문으로 드나들기 쉽다. 하지만 오어사의 정식 입구는 남쪽으로 나 있다. 주차장에서 오어사 담장을 따라 걸으면 절 정문이 나온다. 최근 새로 지어진 누각에는 '오어사'라고 적힌 현판이 걸려 있다. 해강 김규진(1868~1933)의 글씨라고 한다. 계단을 올라 절 마당에 들어서면 대웅전을 정면으로 마주한다. 대웅전은 2012년 경상북도 유형문화재 제452호로 지정된 건물로 1741년(영조 17)에 고쳐 지은 건물이라고 한다. 하지만 이후에도 여러 차례 보수가 되었으며 1907년에 스님들이 다시 모여들어 옛집을 중수하고 절을 일으켰다고 기록한 것으로 보아 조선말까지도 오어사는 거의 폐허로 있다가 현재의 대웅전 모습은 1907년에 보수를 한 모습이라는 것을 알 수가 있다.[71]

대웅전에는, 1765년(영조 41)에 조성된 '목조 석가여래 삼불좌상'(경상북도 유형문화재 제498호)이 모셔져 있으며 천장에는 섬

---

71 이상준, 임성남, 『해와 달의 빛으로 빚어진 땅』, 오천청년회, 2018, 155-6쪽

세하게 조각된 용과 두 마리의 학이 눈여겨볼 만하다.

오어사에서 가장 오래된 문화재는, 오어사 유물전시관에 보관 중인 고려시대 '오어사 동종(銅鐘)'(보물 제1280호)이다. 동종은 1995년 오어사 저수지 준설 작업을 하던 중 발견되었다. 종의 주조와 관련된 기록으로 종 주성(鑄成)에 대한 이유와 경위를 종에 기록한 것을 명문(銘文)이라고 한다. 오어사 동종에 음각으로 새겨진 명문의 내용은 다음과 같다.

'동화사 도람 중대사 순성, 같은 절의 중대사 시련과 도인승 영지가 함께 지극정성으로 발원하여 두루 시주를 받아 300근의 쇠종 한 개를 만들어 오어사에 걸었으니, 이에 성불의 깨달음을 이루고자 하는 모든 사람들은 이 소리를 따라가겠나이다. 정우(貞祐) 4년 병자년 5월 19일 대장 순광이 주조하다.'

'정우'는 금나라 선종(宣宗)의 연호로, 정우 4년은 서기 1216년(고려 고종 3)이 된다.

오어사 동종의 역사적 의의를 따지자면 첫째, 주종의 기법상 고려 후기를 대표할 수 있을 만큼 우리나라 종의 전통과 특징을 확실하게 갖춘 종이라는 것이다. 둘째, 종의 표면처리와 세부 문양이 완벽하게 처리된 최상급의 금속 공예품이다. 셋째, 종의 용뉴(龍鈕)·음통·상대와 하대·비천상은 예술적 가치를 지니고 있을 뿐 아니라 이를 통하여 주종의 의미를 신앙적으로 극대화시킨 작품이다. 그 밖에도 범어를 종 표면에 양각한 몇 안 되는 종의 하나라는 것, 또한 명문은 고려 승계(僧系)의 면모를 정확히 확인할 수 있고, 전문 장인 계층의 존재를 주조 책임자의 이름과 함께 확인할 수 있는 증거를 제공하였다는 점에서 상당한 역사적 가치가 있다.[72]

유물전시관에서 나오면 범종각 앞에 큰 키의 찰피나무 한 그루가 배웅을 한다. 오어사와 떼놓을 수 없는 것이 오어지(吾魚池)이다. 1955년부터 오어사 아래쪽 항사천 계곡을 막아 저수지를 만드는 공사를 시작해서 1964년 공사가 완료됨으로써 오어사는 호반(湖畔)의 절이 되었다. 자장암과 더불어 오어사에 딸린 암자, 원효암으로 가려면 오어지를 건너야 한다. 예전에는 좁고 낮은 다리로 건넜지만 최근에는 출렁다리가 놓여져 있다. 다리 이름 또한 원효교이다. 지난 2020년에는 출렁다리 원효교를 지나 오어지 주변을 도는, 총 길이 7km 둘레길이 완전 개통하였다. 옛 골짜기를 따라 구불구불 걷는 맛이 있다. 마침 제주올레길 서명숙 이사장과 함께 오어지 둘레길 한바퀴를 두시간 동안 걸을 기회가 있었다. 전망 좋은 곳에는 탁자와 의자도 잘 갖춰져 있어서 담소도 나눌 수 있었다. 바닷가 길과 다른, 내륙의 호수 둘

---

72 같은 책, 166쪽

오어사 '동종(銅鐘)'(보물 제1280호)

오어지 둘레길.

레길의 아름다움에 연신 감탄하며 한마디 하신다. "눈도 즐겁고
발도 즐겁다."

　길을 걷는 즐거움을 가장 잘 요약한 표현이 아닐까 한다. 적
당한 오르막 내리막길도 있고 평탄한 흙길도 있고 데크길로 만
들어진 길까지 다양하니 발이 즐거울 수밖에. 그리고 그날은 산
에 참꽃이 활짝 피었다. 개나리와 산수유도 군데군데 보였다. 호
숫가의 메타세콰이어 숲에는 아직 잎은 없었으나 시원하게 뻗은
줄기와 가지들은 장관이었다. 한마디 보태고 싶다. 눈도 즐겁고
발도 즐거우니 마음도 즐겁다.

비학산

법광사지 ｜ 해월 최시형 ｜ 신광면민 축구대회 ｜ 비학산 전투

국가사적 법광사지

길게 경사를 이루다가 가운데 부분에서 볼록 솟은 모양을 보이는 비학산은 그 모양으로 인해 한번 보면 누구든 구별할 수 있으며, 포항의 탁 트인 곳에서는 어느 곳에서나 볼 수 있는 명산이다. 그 산 모양이 학이 하늘을 나는 형상을 닮았다 하여 날 비(飛)자, 학 학(鶴)자를 붙인 비학산은 해발이 762.3m이다. 신광 너른 벌판을 품고 있는 비학산을 신광면에서는 마을을 지켜주는 '진산(鎭山)'으로 여겼다. 신광면 죽성1리 댓골[竹洞]은 왜가리와 백로들이 많이 날아들어서 학마을이라고 부른다하니 이래저래 신광면은 학과 연관이 깊다. 비학산은 포항 북구의 신광면뿐만 아니라 기계면·기북면에 걸쳐 있으며 포항의 유일한 자연휴양림, 비학산자연휴양림은 기북면에 있다.

신광의 진산인 만큼 천하명당으로 인식되어 비학산 산봉우리에 묘를 쓰면 그 자손은 번창하나 마을은 가뭄이 든다는 이야기가 있었다. 농사철에 심한 가뭄이 들면 이곳 주민들은 호미 한

비학산. 산 모양이 학이 하늘을 나는 형상을 닮았다하여 이름 붙였다.

자루씩을 들고 비학산을 올라갔다. 묘처럼 보이는 것들은 다 파헤쳤다. 이야기로만 전해오는 것이 아니라 1982년과 1994년에도 사람들이 올라가 묘를 파헤치는 사건들이 일어났다고 한다. 가뭄을 해소하고자 하는, 타는 농민들의 마음은 기우제로도 이어졌다. 신광면장이 제주(祭主)가 되고 3일 전에 신광 장터를 하천 바닥으로 옮기고 3일 동안 정성을 들였다가 자정에 지냈다. 제사가 끝나면 참가자들은 음복을 하고 동이 트기를 기다렸다가 산 정상으로 올라간다. 정상에서 아침 해가 떠오르면 봉화를 올리면서 '물이야'와 '불이야'를 몇 번 되풀이하여 함성을 지른다. 이렇게 하면 며칠 이내에 꼭 비가 내렸다고 하니 신기한 일이다.

비학산을 오르다보면 무제등을 만난다. 기우제로 유명한 비학산의 스토리를 살려 최근에 돌로 단을 조성해두었다. 무제는 기우제와 같은 말인 무우제(舞雩祭)에서 온 말이다. 무제등은 많은 산악회 회원들이 시산제를 지내는 곳으로도 인기가 높다.

무제등을 지나 비학산 정상을 올라갔다가 내려오는 길이 약 세 시간이면 충분하다. 비학산 정상에 올라서면 앞으로 너른 신광 들과 멀리 흥해 들, 그리고 청하는 물론이고 포항 시내 쪽으로 아파트들도 한눈에 보여 시원한 전망을 즐길 수 있다. 서쪽으로도 운주산, 멀리 영천 보현산까지 중첩된 산들의 풍경도 볼 수 있다. 비학산은 주변의 탁트임이나 중심부의 볼록 솟음으로 포항의 한라산이라는 생각을 해보았다.

법광사지는 2008년 국가지정문화재인 사적 제493호로 지정된 곳으로 비학산 동쪽 자락에 위치하고 있다. 1750년(영조 15) 신유한(1681~1752)이 비문을 지은 '석가불사리탑중수비(釋迦佛舍利塔重修碑)'에 따르면 비학산의 법광사가 불국사 등과 더불어 신라의 큰 절로 가장 먼저 일컬어지며 사찰의 규모를 5칸의 대웅전과 2층의 금당, 향화전 등 525칸의 건물을 갖춘 대찰로 기록하였으며, 탑 안에서 사리구를 발견하고 재납입하는 과정이 기록되어 있다.[73] 그리고 법광사의 창건은 진평왕대 원효대사가 관여한 것으로 전하나, 진평왕의 재위시기(579~632)와 원효대사의 생몰년대(617~686)를 고려해보면 신빙성이 떨어진다. 마침 법광사의 건립 시기는 삼층석탑 안에서 탑지석의 석탑기(石塔記)가 발견되어 참고할 만하다. 석탑기는 통일신라시대 석탑기와 조선시대 석탑기가 각 1점씩 발견되었다. 통일신라시대 석탑기에는 모두 72자가 새겨져 있다. '법광사석탑기'라는 제목이 한쪽 측면에 새겨져 있고, '회창 6년(846) 병인 9월에 탑을 옮겨 세웠으니 대대로 단월(檀越, 탑을 세운 주체)이 서방정토에 태어나고 지금의 국왕(문성왕)께서는 복과 수명이 길이 뻗치소서'라는 내용이 전면에 새겨져 있다. 다른 측면에 '사리 22매를 상좌인 도흥(道興)이 납입했다'고 새기고, '대화 2년(828) 무신 7월에 향조(香照) 선사와 원적(圓寂) 비구니가 재물을 희사하여 탑을 세웠고 절의 단월은 성덕대왕전의 향순(香純)'이라 후면에 새겼다. 성덕대왕은 통일신라 46대 문성왕의 조부인 김균정의 추봉명이다. 즉, 법광사는 신라 왕실의 원찰로 추정된다. 조선시대에 만든 법

73 박일훈, '법광사지와 석가불사리탑비', 『고고미술』 47·48, 한국미술사학회, 1964

광사석탑기에는 1698년과 1747년 중수한 내용을 앞뒤로 새기고, 한쪽 측면에는 법광사석탑기라 새기고, 다른 측면에는 중수 일을 주관한 명옥(明玉)과 담학(談學)이라는 법명을 새겼으며, 밑면에 새긴 이가 대언(大言)이라 했다.[74]

석탑기의 내용으로 보아 828년에 탑이 건립되었고, 846년에 이건 되었다는 것을 알 수 있다. 그리고 발굴 조사를 통해 현재 탑이 위치한 곳으로 이건 되었다는 것을 밝혀내었다. 흔히 절에 가보면 금당 앞에 탑이 있는 것과 달리 법광사는 탑의 위치가 금당보다 높은 지역의 별도 공간에 있었다. 이후 법광사는 고려 시대에는 중창과 더불어 사세를 유지했으나 조선 영조 22~23년(1746~1747)에 석탑, 2층 금당, 5칸 대웅전만 남을 정도로 크게 쇠락했다. 1747년 7월에 탑 앞에 법당을 새로 짓고 통도사를 본떠 편액을 금강계단이라 하고 그 아래에 향로전을 세우기도 하였으나 이후 철종 14년(1863)과 뒤이어 생긴 화재로 폐사되었다.

법광사의 폐사에 관련하여 이야기 하나가 전해온다. 조선 철종 때 신광면 죽성리에 박씨 성을 가진 소년이 있었다. 밤에 오줌이 마려워 마당에 나와 소변을 보고 있는데, 법광사 앞쪽에서

74 진복규, '금석문으로 만나는 경북의 역사 문화9. 비학산 자락에 안긴 포항 법광사지', 〈경북일보〉 2021. 7. 23.

갑자기 큰 불덩어리가 하늘 높이 치솟아 비학산 정상에 닿더니 남쪽으로 날아가 버렸다. 이튿날 마을에 서씨 성을 가진 팔순 노인에게 이 이야기를 했더니 탄식하며 "이제 법광사의 기운이 다 됐구나. 법광사는 곧 폐사가 될 것이고, 양산 통도사가 새로 번창할 것이다"라고 말했다. 그 이유를 물으니, "예로부터 신광 지역은 학이 알을 품고 호수에 앉아 있는 형상인데 호리 계곡을 뚫어 호수가 없어진 지 천년이 지났다. 학은 본래 호숫가에 서식하는 짐승인데, 이제 신광 땅의 정기인 그 불덩어리가 날아가 산은 강하고 물은 약하게 되었으니 어찌 학이 머물러 있겠느냐. 불덩어리가 남쪽으로 갔다 하니 그쪽에 있는 통도사를 번창시킬 것이다"라고 대답하였다고 한다. 과연 얼마 안 있어 한 나무꾼에 의해 법광사는 전소되고 말았다.

2010년부터 포항시와 경북문화재단 문화재연구원은 시굴조사와 9차례의 발굴조사를 진행하고 있다. 최근 발굴조사에서는 금당지도 포함되어 2022년 10월 27일에는 '금당지 발굴 성과와 정비 방향'이라는 주제로 포항 법광사지 학술대회가 열리기도 했다. 이때 발표된 내용을 요약해서 법광사지의 모습을 소개해 두고자 한다.

법광사는 비학산 동쪽 사면에 위치한 산지가람으로 4단의 석축을 쌓아 조성하였다. 1단에 해당하는 가장 아래에는 연지(蓮

쌍신두귀부(雙身頭龜趺)는 창림사지, 무장사지, 승복사지와 더불어 법광사지까지 전국에서 4개소에서만 발견되는 특별한 양식이다.

池)와 당간지주(幢竿支柱)가 위치하고 당간지주는 통일신라시대에 조성된 것으로 추정된다. 법광사지에 이르면 길 왼편에 제일 먼저 볼 수 있는 유적이다. 4단에 해당하는 가장 위쪽에는 쌍신두귀부(雙身頭龜趺)가 있다. 이는 창림사지, 무장사지, 승복사지와 더불어 법광사지까지 전국에서 4개소에서만 발견되는 특별한 양식이어서 주목받는다. 금당이 있는 영역은 3단에 해당하는 곳으로 돌과 흙으로 성토하여 평탄한 대지를 마련했고 대규모 석축을 쌓았다.

법광사지

법광사지 금당의 조성시기는 통일신라시대로 추정되며 동향으로 동해를 바라본다. 이는 신라 왕경 사찰의 금당 대부분이 남향을 하는 것과는 차이가 있다. 다만 석굴암은 동향으로 유사하다 할 수 있다. 금당의 기단은 이중기단으로 전돌로 쌓은 전축기단이며 동서남북 네 면에 모두 계단이 설치되었다. 금당 기단 중심에 있는 불상의 대좌는 하대석, 중대석, 상대석이 결합된 삼단 팔각연화대좌이다. 상대석이 일부 결실되어 원래의 크기를 명확히 알 수는 없지만 전체 높이는 180~185cm으로 추정된다. 석조불상편은 2기가 발굴되었는데, 불상의 높이는 불두를 제외하고 대략 180cm이며 불두를 포함하면 280~291cm이 될 것으로 추정된다. 따라서 대좌와 불상의 전체 높이가 460~476cm 정도 되는데, 이 크기는 석굴암 본존불상을 제외하고는 신라 왕경에서 가장 큰 불상에 해당되며 당척(29.706cm)으로 환산할 경우 16척(약 475.2cm)의 불상이 된다.

법광사 금당의 평면구조는 '내·외진 이중 형식'으로 외진벽, 내진벽, 후불벽을 모두 갖춘 매우 폐쇄적인 구조였다. 그리고 금당 내진부에는 녹유전을 깔아 부처의 정토세계를 구현하여 격을 높였다. 녹유(綠釉)는 PbO와 SiO_2를 주성분으로 하는 저화도 유약으로, 극락정토의 땅을 유리 같은 대지로 표현하고 있어 금당 바닥에 녹유전을 장엄하였던 것으로 보인다. 금당지에서 확인된

녹유 전돌의 크기는 가로, 세로 27cm, 두께 5cm이다. 녹유전의 출토사례는 통일신라시대 축조된 궁성과 중심사찰유적에서 찾아볼 수 있어서 왕실 원찰로서의 법광사의 위상을 알 수 있는 근거가 된다.

이날 학술대회에서는 법광사지 정비방안에 대해서도 논의가 있었다. 법광사지의 문화재적 가치가 무엇인지, 또 국민에게 줄 수 있는 것은 무엇인지에 대한 명확한 답을 갖고 있어야 한다는 발표자의 말에 공감이 갔다. 이 책에서 다루고 있는 포항의 문화유산에 대해서도 마찬가지 질문을 늘 가져야 한다고 생각한다. 개인적으로는 원 유구(遺構)를 잘 살려 진정성을 확보하고 '폐허의 미학'을 느낄 수 있었으면 한다. 보존을 잘하면 그 보존 시설 자체가 또 다른 작품이 된다는 말은 시사하는 바가 크다.

법광사지에 대한 발굴조사는 지금도 진행형이다. 2023년에는 그간의 발굴조사결과를 가지고 더 큰 학술대회를 예정하고 있다고 하니 기대를 가져본다.

동학의 땅, 해월 최시형

"이 땅에서 우리 겨레가 어떻게 살아가야 하고, 또 온 세계 인류가 어떻게 살아가야 하는가를 정확하게 일러주신 분이 해월이지요. 우리 겨레로서는 가장 자주적으로 사는 길이 무엇이며, 또, 그 자주적인 것은 일체와 평등한 관계에 있어야 한다는 것을 그는 설명해 주셨지요. 눌리고 억압받던 이 한반도 100년의 역사 속에서 그 이상 거룩한 모범이 어디 있겠어요? 그래서 저는 해월에 대한 향심이 많지요. 물론 예수님이나 석가모니나 다 거룩한 모범이지만, 해월 선생은 바로 우리 지척에서 삶의 가장 거룩한 모범을 보여주시고 가셨죠."[75] 장일순 선생의 말이다. 학창시절 수업시간에 동학의 2대 교주로서만 알던 해월을 새롭게 알게 된 것은 장일순 선생의 책을 통해서였다. 생활운동을 통한 사회운동을 몸소 실천하고 말년에는 생명의 세계관을 태동시킨 장일순 선생에게 가장 큰 영향을 끼친 인물이 해월 최시형(1827~1898)이었다. 장일순 선생의 방에는 해월의 사진이 놓여 있을 정도였다.

포항시 신광면 만석리에 가면 길가에 해월 선생 어록비가 있

---

75 장일순, 『나락 한알 속의 우주』, 녹색평론사, 1997, 178쪽

다. 해월이 세상을 떠난 지 100주년이 되는 1998년에 건립된 비석으로, 비석의 앞면에는 당시 신광중학교 재학생의 글씨로 해월 최시형 선생님 말씀을 적었다. '사람을 대할 때에 언제나 어린아이같이 하라. 항상 꽃이 피는 듯이 얼굴을 가지면 가히 사람을 융화하고 덕을 이루는데 들어가리라. 누가 나에게 어른이 아니며 누가 나에게 스승이 아니리오. 나는 비록 부인과 어린아이의 말이라도 배울 만한 것은 배우고 스승으로 모실 만한 것은 스승으로 모시노라. (중략)'

포항시 신광면에 '웬 해월의 비?'라며 의아해할지 모르겠다. 궁금증은 해월의 일대기를 조금만 알고 나면 곧바로 해결된다.

신광면 만석리에 있는 해월 최시형 선생 어록비.

그리고 우리 지역이 해월과 얼마나 관련이 많은지를 알게 되고 놀라게 된다.

해월 최시형은 1827년 경주시 동촌 황오리에서 태어났다. 본관은 경주, 초명은 최경상, 자는 경오(敬悟), 호는 해월(海月)이다. 나이 5세에 어머니를 여의고 12세 때 아버지마저 세상을 떠나 고아가 되었다. 신광에 팔촌 쯤 되는 친척이 있다 해서 신광으로 와서는 유년기와 청년기를 보냈다. 고아로 친척 집에 얹혀살았으니 기록에 보면 고생을 많이 했다 한다. 17세에 친척 집에서 머슴살이하는 것을 그만두고 나와서 신광면 기일(基日, 터일)이라는 동네에서 종이를 생산하는 제지소에서 일한다. 19세 때 흥해 매곡에 사는 밀양 손씨와 결혼한 뒤 28세에 신광면 마북리로 옮기게 되는데, 이곳에서 마을 이장 격인 '집강(執綱)'의 소임을 맡았다. 이후 33세 되던 해에 농사를 짓기 위해 마을 안쪽의 검곡[금등골]으로 이사를 갔다. 어느 날 상인들이 지나가다가 경주에 도인이 하나 났는데 대단한 분이라고 이야기를 하는 걸 듣게 된다. 귀가 번쩍 뜨여서 경주 현곡면 용담정으로 그 도인을 찾아가는데 그때 만난 도인이 수운 최제우이다.

1860년 동학을 창시한 수운 최제우를 해월이 만난 것은

1861년(철종 12) 6월, 해월의 나이 35세였다. 해월은 이후 매달 서너 차례 검곡에서 용담정으로 가서 수운에게 가르침을 받는다. 1862년 수운은 관의 지목을 피해 해월의 도움으로 흥해 매곡동 손봉조의 집으로 옮기고 그해 12월 최초로 접주(接主)를 임명하였다. 1863년 7월 해월은 북도중주인(北道中主人)으로 임명되고 8월 14일 동학의 도통을 승계하면서 동학의 2대 교주가 된다. 미리 알았을까. 4개월 뒤, 수운은 1863년 12월에 조정에 붙잡혀 1864년 대구성 관덕당에서 참형된다. 수운이 동학을 창도하고 사형대의 이슬로 사라지기까지 기간은 3년여이다. 이후 40여 년을 동학을 이끈 인물은 바로 해월이었다. 경상도 땅 경주에서 수운 최제우 선생이 창시한 동학은 해월 최시형에게로 이어졌고, 해월은 수운 선생이 참형되고 난 뒤에 관의 추격을 피해 이리저리 옮겨 다녔다. 한밤중에 자다가도 급히 피신하기를 거듭하는 형편이면서도 항상 보따리를 지니고 다녀 '최보따리'라고 불린 해월은 관군에 쫓기면서 수운의 전기인 『도원서기』를 비롯해 동학 경전인 『동경대전』과 수운의 노래인 『용담유사』를 간행하였다. 또 '접·포, 육임제'와 같은 체계적인 조직을 만들었다. 동학은 실제 해월에 와서 교단과 교세, 교리의 체제를 갖추게 되었고 수운의 죽음 이후 오랜 세월이 지나 전라도와 충청도 일대에서 근현대사의 출발점이라고 할 수 있는 동학농민혁명으로 활짝 꽃을 피웠다. 해월이 없었으면 동학농민혁명도 없었다는 게 그래서 나온 말이다. 수십만 명의 사람들이 희생된 동학농민혁명이 끝나고 백몇십 년의 세월이 흘렀다. 그사이 동학농민혁명이 국가로부터 인정을 받아 기념일까지 지정되었다. 하지만 지금까지도 동학은 1892년부터 1894년까지의 동학농민혁명만 사람들에게 알려져 있고, 정작 동학의 연원인 수운과 해월의 동학사상은 사람들에게 낯설기만 하다.[76] 해월 최시형을 우리 겨레의, 아니 전 세계의 스승으로 발굴해 소개한 것도 장일순 선생의 큰 업적으로 평가되고 있다. "해월 선생께서는 37년이란 세월을 언제나 농민들이나 가난하게 사는 사람들과 같이 살아가시는 동안 남녀 공히, 아이들까지도 지극히 섬기는 모범적인 삶을 사셨지요. 그분이 37년 동안에 겪은 노고가 손병희 선생으로 하여금 동학을 이끌고 가게 하는 모태가 되잖아요. 바로 그 동학이 없었더라면 3·1만세 운동은 아예 할 수가 없었을 거예요."[77]

동학농민혁명이 실패로 끝난 뒤 해월은 강원도 산간지대를 전전하며 숨어 살다가 4년 후인 1898년 4월 5일 원주시 호저면에 있는 송골에서 체포된다. 그리고 6월 육군법원에서 참수형을 당하는데 이때 해월의 나이 72세였다.

---

76 신정일, 『동학의 땅 경북을 걷다』, 걷는사람, 2020, 5쪽

77 장일순, 『나락 한알 속의 우주』, 녹색평론사, 1997, 178쪽

경주에서 태어났지만 젊은 시절 대부분을 포항에서 보낸 해월은 포항 사람이다. 포항과 이토록 관련이 많은 것에 놀란 마음은, 그럼에도 불구하고 포항이 해월에 대해 너무 무관심하다는 것에 더 크게 놀라게 된다.

전주에 있는 동학혁명기념관까지 언급할 필요도 없다. 경주 황오동에는 해월 최시형 동상이 있어 이곳이 해월이 태어난 곳임을 알게 해준다. 원주시 호저면에는 해월이 체포된 장소라 해서 기념비를 만들었다. 원주가 고향인 장일순 선생의 필치로 '모든 이웃들의 벗인 최보따리 선생을 기리며'라는 글이 새겨져 있고 그 아래 밑돌에는 해월의 말씀이 새겨져 있다. "天地卽父母요 父母卽天地니 天地父母는 一體也니라"[78] 또 서울 단성사 자리에 가면 '최시형 순교터 - 동학 제2세 교조 해월 최시형이 동학혁명을 지도하다가 순교(1898)한 터'라는 표지석이 있어서 이곳에서도 해월을 기릴 수 있다. 전라도, 강원도, 서울까지 해월의 조그마한 흔적도 이렇게 기념하는데 해월이 가장 오랫동안 생활한 포항은 어떤가. 해월이 제지소에서 일했다는 비학산 자락 신광면 기일리엔 어느 흔적 하나 없다. 해월이 살았다는 집터가 있는

---

78 "하늘과 땅이 만물을 낳으니 부모와 같고, 생명을 낳는 부모는 하늘 같고 땅 같은 존재이니, 천지부모는 하나이니라"(라명재 역, 『해월신사법설』, 도서출판 모시는 사람들, 2021, 29쪽)

신광면 마북리 금등골은 제대로 된 이정표가 없어서 찾기가 어려울뿐더러 어떤 기념 비석 하나 없다. 우리는 너무 귀한 것들을 쉽게 놓치고 있는 건 아닌가란 생각은 비학산 깊은 골짜기에서도 드는 생각이다.

최초의 동학 접주제를 실행한 흥해 매산리(매곡동)에 2022년 11월 18일 안내표지판을 설치 하였다.

신광면민 축구대회

포항 사랑을 가장 느낄 수 있는 곳이 어딜까? 선뜻 믿기지 않겠지만 축구장이다. 한 번이라도 경기장에 가본 사람이라면 이 말이 무슨 뜻인지 안다. 미국 어느 도시를 갔을 때의 일이다. 미식축구를 워낙 사랑하는 그들인지라 도시 곳곳에 그 지역 미식축구팀과 관련된 홍보물이 있었다. 사람들은 그 팀의 모자를 쓰고 유니폼을 입고 열광했다. 간판도 사람도 영상물도 도시 전체의 색깔이 그 팀의 고유 색상을 이용한 듯 보였다. 우리나라는 그 정도는 아니지만 경기시합이 있을 때는 지독한 승부 근성이 발휘된다. 부산 야구팬들의 롯데자이언츠 사랑은 영화로도 나올 정도이다. 영화 제목이 '죽어도 자이언츠'라니. 이 말 한마디로 다른 설명이 필요 없다. 하지만 정확하게 말하면 야구팬들은 부산이 아니라 야구팀을 사랑한다.

이제 포항으로 눈을 돌려 보자. 포항에는 야구팀 대신 축구팀이 있다. 포항스틸러스(POHANG STEELERS) 축구단. 남구 괴동동에 있는 스틸러스 전용구장 이름은 스틸야드이다. 2002 한일 월드컵이 있기 훨씬 전인 1990년에 준공되었고 대한민국 최초의 축구 전용구장이다. 우리나라가 1986년 멕시코 월드컵과 1990년 이탈리아 월드컵 본선에 연속 진출하면서 월드컵 진출 통산

횟수가 3회를 넘긴 아시아 최초의 국가가 되자 이탈리아 언론에서 "축구 전용구장 하나 없는 나라가 월드컵에 나온다."라며 한국 축구를 조롱했고 이에 자극받은 박태준 포항제철 회장이 주도해 전용구장을 지었다. 포항에 축구 전용구장이 만들어질 때 박태준 회장이 직접 해외의 축구장들을 시찰하였고 당시 기준 최첨단으로 설계했다고 한다. 박태준 회장의 축구 사랑은 유명했다. 1973년부터 실업팀 포항제철 축구단을 만들었으며 그 이듬해인 1974년에는 아마추어 축구대회로는 가장 권위 있는 대통령배 전국축구대회에서 우승하기도 했다. 이후 1983년 5개 팀으로 수퍼리그라는 프로축구 시대가 열릴 때 포항제철 돌핀스로 원년부터 참가하였으며 1985년에는 포항제철 아톰스로 이름을 변경하였다가 포항스틸러스라는 이름은 1997년부터 사용하고 있다. 스틸러스 경기가 있을 때 응원석에 "족보 없는 축구는 가라"라는 다소 자극적인 문구는 그런 배경에서 나오게 되었다.

축구의 열기를 더하는 것은 서포터즈의 응원이다. 서포터즈 그룹도 다양하다. '강철전사', '토르치다', '스틸러스 포에버', '울트라스 레반테' 등. 스틸러스의 상징색인 검은색과 빨간색의 줄무늬로 대형현수막을 걸고, 전통적인 '검빨(검정색과 빨간색) 유니폼'을 맞춰 입고 북소리에 맞춰 응원가를 부르고 율동을 하는 서포터즈들의 모습은 본인들도 즐겁지만 보는 이들도 흥겹다.

사진제공: 포항스틸러스구단

대표적인 포항노래 '영일만 친구'를 비롯해서 '포항만을 위해 ~ 영일만 저 끝까지', '위대한 포항', '나의 포항 영광위해', '포항을 위해 뛰어라' 등의 가사를 결의에 차서 함께 부르는 모습은 그 어느 곳에서도 느낄 수 없는 포항 사랑이다. 그리고 스탠드에 걸린 대형 현수막에는 이렇게 쓰여있다. "우리는☆포항이다"

역사와 전통을 겸비한 포항스틸러스는 한국 축구 발전을 위해 어린 선수 육성에도 일찍부터 기여를 해왔다. 앞서 언급하였듯이 1983년 수퍼리그 출범 때부터 리그에 참여한 포항은 1984년에 포항제철중학교, 1985년에 포항제철공업고등학교(현재는 포항제철고등학교로 이관), 1988년에 포항제철초등학교 축구부를 창단하였다. 현재 포항스틸러스 U-18, U-15, U-12 축구 선수단으로 우수한 성적을 거두고 있다.

포항의 축구 역사를 이야기하면서 빼놓을 수 없는 곳이 신광면이다. 50년 포항제철 축구단의 역사처럼 '족보 있는' 축구대회가 매년 8월 15일 신광면에서 열리는 '신광면민 축구대회'이기 때문이다. 면 단위의 동네 대항 축구지만 국내 어떤 축구대회보다 긴 역사를 자랑한다. 대회가 처음 열린 것은 1947년 8월 15일로 거슬러 올라간다. 당시 신광면에서는 이석백, 이오특 등 영일군을 대표하는 축구 선수들이 여러 명 나왔다. 이들이 주축이 되어 1947년에 광복절 기념 면민축구대회를 열었다.

8·15광복 축구인 상

제1회 신광면민 축구대회 때는 짚으로 새끼를 꼬아 축구공을 만들고 골네트도 새끼줄을 엮어 만들었다고 한다. 6·25전쟁 기간과 가뭄이 극심했던 1959년, 1982년 그리고 코로나로 2020년, 2021년에만 중단되었을 뿐 매년 연례행사로 명맥을 이어오는 축구대회는 2022년 제69회를 맞이하고 있으며 전국에 흩어져 있는 출향인들도 고향을 찾아 참여하고 있어 다른 지역에서는 사례를 찾기 어렵다. 신광면 마을 입구 삼거리에는 짚신을 신고 짚으로 만든 공을 차는 '8.15광복 축구인 상'이 조성되어 있다.

비학산 전투

전망이 탁 트인 산이어서였을까. 비학산은 전쟁의 상흔을 깊이 남기기도 했다. 비학산이 위치한 기계면은 안강과 경주로 이어지고, 또 비학산에서 뻗어 나온 도음산을 넘으면 바로 포항 흥해로 들어오는 길목이 되는 위치에 있었다.

파죽지세로 남하하여 기계까지 도달한 북한군 제12사단에 맞서 국군 수도사단은 기계·안강 지구를 담당하게 되었다. 1950년 8월 12일, 육군본부와 국군 제1군단은 기계·안강이 함락되어 포항·경주·영천이 동시에 위협받게 된 상황을 타개하기 위해, 수도사단 기갑연대와 제18연대를 청송 도평리와 포항 죽장에 투입하여 북한군을 북쪽에서 공격하게 하였다. 제18연대장은 기계에서 협공을 개시하고자 출발하기에 앞서 전 장병들로부터 머리카락과 손톱, 유서를 모아줄 것을 사령부에 부탁하였다. 한동안 방어와 후퇴를 거듭하던 국군 병사들은 결사의 각오로 고지를 탈환하였고 북한군 제12사단은 크게 당황하여 비학산 방향으로 후퇴하였다. 수도사단은 비학산 방향으로 도망친 북한군을 추격할 준비에 나섰다. 8월 20일 새벽 6시경 국군 수도사단은 제18연대를 좌일선, 제17연대를 우일선으로 두고 제1연대를 예비로 편성한 다음 비학산 공략을 위해 북한군을 향한 공격을 개시하였다. 한편 비학산으로 철수하였던 북한군 제12사단은, 제766부대를 해체하고 잔여 병력 1,500여 명을 각 부대로 분산 수용한 후 신병 2,000명을 보충받아 총병력 5,000명의 전투부대로 사단을 재편성하였다. 그리고 북한군 제5사단으로부터 장비와 탄약을 보급받았다. 8월 23일, 국군 수도사단 제17연대는 많은 병력손실에도 불구하고 다시 비학산을 공격하였으나, 북한군의 완강한 저항으로 실패하였다. 제18연대는 북한군의 압력이 강화되자 전선 남쪽 약 2km 지점까지 후퇴하여 북한군의 남하에 대비하였다. 그러나 북한군의 강한 공세로 제18연대의 방어선이 무너져 후퇴하게 되었다. 이에 따라 수도사단의 비학산 공격은 답보 상태에 머물렀고 북한군 제12사단은 8월 27일 새벽 무렵에 기계를 다시 점령하였다. 이로써 국군이 본래 계획했던 비학산 점령을 위한 작전은 실패로 끝났다.[79]

비학산 산줄기 기계면 화대리에 있는 용화사는 비학산 전투와 관련된 가슴 아픈 사연을 간직하고 있다. 수도사단 제18연대 중대장 권태흥 대위는 북한군의 저항이 거셌던 1950년 8월 23일 비학산전투에서 전사한다. 육사 9기생인 권태흥 대위에게는 이미 결혼한 아내와 두 아들이 있었다. 갑자기 전사 소식을 들은 아

---

79 김정호·김진홍·이상준·이재원, 『포항 6·25』, 도서출판 나루, 2021, 160-202쪽

내(한연호, 법연스님)는 비학산에 내려와서 1년 동안 기도를 하였더니 고인이 꿈에 나와서 남편이 어디서 죽은 줄을 알게 되었다. 그래서 그곳에 초암을 마련하고 영령의 안식처로 삼고 기도하다가 마침내 그곳에 절을 짓고 스님이 되었다. 남편뿐만 아니라 6·25전쟁 당시 기계, 안강, 신광, 죽장, 포항전투에서 장렬하게 전몰한 호국 영혼을 위해서도 위령탑을 세워 매년 현충일에 위령제를 모시며 기도해 왔다. 한 가지 더 기가 찬 것은 설상가상으로 큰아들마저 월남전에 참전하여 전신마비가 되었다고 한다.

절 마당에는 당시 전투에서 전사한 많은 젊은 영혼을 위로하는 위령비가 있고, 한쪽에는 권태흥 대위의 위령비와 얼마 전 돌아가신 그의 미망인의 비가 나란히 있어, 살아서 함께 못 지낸 아쉬움을 대신하는 듯하다.

권태흥 대위와 그 미망인의 비가 나란히 있어 살아서 함께 못 지낸 아쉬움을 대신하는 듯하다.

수도산과 탑산

저수조 | 호국문화의 길 | 호국조각공원

저수조가 있는 수도산

수도산은 포항도심에 있는 높지 않은 산이다. 도심이 확장되면서 수도산을 관통하는 터널이 생기기도 하였다. 터널 이름은 서산터널. 그러니까 수도산은 포항도심의 서쪽에 있는 산이다. 서울에 남산이 있고 남산터널이 있듯이 포항에는 서산이 있고 서산터널이 있다. 수도산은 여러 이름으로 불렸다. '수도산은 본래 백산(白山)이라 불렀는데, 조선 세조의 왕위 찬탈에 항거한 모갈거사가 은둔하다가 순절한 후부터 그 충절을 되새겨 모갈산이라고 불렀다.' 산을 오르다 보면 한쪽에 '모갈거사순절사적비'가 있어 사실을 뒷받침한다. 1936년에 측정된 포항지도에는 '포항산'이라고 나온다. 하지만 지금은 모든 사람들이 수도산이라고 부른다. 수도산은 무슨 뜻일까.

일제강점기 때 포항 시내가 점점 발전하면서 상수도가 무엇보다 절실하였다. 1923년부터 상수도 공사가 시작되었다. 수원지

일제강점기 수도산

수도산(2016)

1926년에 건립된 저수조 건물은 포항 도심에서 가장 오래된 근대 건축물이다.

는 포항도심에서 직선거리로 7km 남짓 떨어진 달전면 학천동, 그러니까 지금의 도음산 밑 천곡사(泉谷寺) 학천계곡이었다. 이 일대는 신라 제27대 선덕여왕이 피부병을 고쳤다는 효험이 있는 곳이기도 하다. 거기서부터 물을 끌어들여 포항 시가지로 물을 공급하는 계획이었다.

그렇다. 수도산의 '수도'는 상수도의 의미이다. 지금도 수도산 중턱에 가면 '저수조(貯水槽)' 건축물을 볼 수 있다. 저수조는 물을 저장해두는 큰 수조를 말한다. 학천계곡에서 끌어온 물을 수도산 이곳 일대에 저장하였다가 산 아래 포항 도심으로 흘려보냈다. 그러니까 학천계곡은 수원지가 되고, 수도산 일대는 배수지(配水池)가 되는 것이다. 수돗물을 각 가정에 보내주기 위해 만든 배수지를 도심의 뒷산 고지에 설치함으로써 높낮이를 이용한 자연 유수(流水) 방법으로 상수도를 공급할 수 있었다. 당시 물을 저장하던 큰 수조는 남아 있지 않지만 1926년에 건립된 저수조 건물은 현재도 있어 포항도심에서는 가장 오래된 근대 건축물이다. 6각형의 콘크리트 구조에 지붕은 돔 형식으로 보존상태는 양호하다. 출입문 상단에는 '수덕무강(水德无疆)'이라는 한문 글씨가 새겨져 있다. '물의 덕은 크나커서 그 지경이 없다.'라는 뜻이 되겠다. 재미있는 것은 글씨 옆에 글을 쓴 사람 이름이 훼손되어 있다. 포항지역학연구회 연구위원 김진홍에 따르면, 훼손

된 이름은 사이토 마코토 총독이라고 추정하였다.[80]

수도산은 조금만 오르면 포항의 시내가 한눈에 내려다보인다. 여기서 바라보는 포항 시내는 참 아름답다. 높은 건물만 있는 대도시와 달리 도심에 동빈내항이 있고 또 송도해수욕장의 송림이 있고 멀리 영일만, 또 더 멀리는 호미반도까지 펼쳐지니까 결코 단조롭지 않은 풍경이다. 1900년대 초중반에 찍은 옛날 포항 사진과 비교해보면 포항의 발전상을 한눈에도 그려볼 수 있어 포항 도심에 높지 않은 이런 산이 있다는 게 무척 다행스럽게 생각이 된다.

수도산 하면 가장 눈에 띄는 것은 '충혼탑'이다. 6·25전쟁 등 대한민국을 지키기 위해 장렬히 산화하신 포항지역 출신 전몰군경들의 넋을 추모하기 위하여 1964년 처음 건립하였으며 현재 있는 충혼탑은 2013년에 재건립하였다. 지금도 해마다 6월이면 이곳에서 위령제를 지내고 있다. 그리고 이곳에 오면 꼭 눈여겨볼 곳이 하나 더 있다. 충혼탑 앞 광장에서 옆으로 길이 조금 나 있는데 그 쪽으로 가면 비석 하나가 서 있다. '재생 이명석선생 문화 공덕비'

포항의 문화 1세대로, 포항문화원 설립과 초대원장은 물론 선

---

80   김진홍, 『일제의 특별한 식민지 포항』, 글항아리, 2020, 146-7쪽

린애육원 설립 등 문화와 복지 등 포항에 많은 공헌을 하신 분이다. 특히 수도산에서는 '재생백일장'이라 해서 그분의 호를 딴 백일장이 지금도 열리고 있다.

높지 않으면서 포항 도심에 있어서 쉽게 찾을 수 있는 수도산은 포항의 많은 역사와 함께 해오고 있고, 산 곳곳에 유적 또한 남아 있어서 포항을 알려면 반드시 둘러보아야 할 곳이다.

철길숲으로 이어지는 호국문화의 길

수도산을 내려오면 철길숲이다. 철길숲은 오늘날 포항의 큰 자랑거리로 많은 포항시민들이 출근길로 등굣길로 운동 목적으로 이용을 한다.

2015년 포항역이 KTX신역사로 옮기면서, 포항역 남쪽 4km여 떨어진 효자역에서 기존의 포항역 구간의 철길이 쓸모가 없어졌다. 포항으로서는 새로운 변화를 줄 수 있는 기회가 온 셈이다. 나무를 심고 벤치를 만들고 조명을 아름답게 꾸미는 등 걷고 싶은 철길숲으로 조성을 하였다. 철도의 특성상 도심을 가로지르며 만들어진 철길숲은 걸어서 구도심을 오갈 수 있게 되었다. 무엇보다 걸을 수 있는 길이 생겼다는 건 포항의 큰 장점이라 할

철길숲은 구간마다 특징이 있다. 수도산 아래 조성된 철길숲은 동해선 건설 당시 설치된 콘크리트 옹벽 자체가 오랜 역사를 가진 하나의 설치 작품이다. 철길숲 중 벚꽃이 가장 아름다운 구간이기도 하다.

수 있다. 사실 폐철도 구간은 포항역 북쪽 구간부터 변화가 일어났다. 포항역 북쪽으로는 일반 여객열차는 다니지 않았지만 우현동에 미군 유류저장고가 있어서 철도는 놓여 있었다. 특히 그쪽 철길 가에는 연탄 공장이 있어서 철길 주변은 어둡고 가기가 꺼려지던 그런 곳이었다. 포항역 북쪽 폐철도 구간을 정비한 것은 2009년부터이다. 산책하기 좋게 흙을 깔고 오래된 노거수를 옮겨심어 제법 숲으로의 모습을 갖추었다. 수도산도 포항역 북쪽 구간 철길숲에 닿아있다. 자연스레 철길숲을 걸으며 수도산까지 이용하는 사람들이 늘어났다. 훨씬 더 접근이 용이하게 되자 공원으로서의 면모를 갖추게 되었다. 요즈음 수도산 입구에 '덕수공원'이라는 표지석이 세워진 것도 눈에 띈다.

충혼탑이 있는 수도산을 중심으로 북쪽에는 학산, 남쪽에는 탑산이 자리한다. 학산 아래에는 현재 포항여자고등학교가 자리하고 있는데, 1950년 당시에는 6년제 포항여자중학교였으며 영화 '포화 속으로'의 배경이 되는 포항여중 전투가 있었던 곳이다.

1950년 8월 11일 새벽 4시, 북한군 제766부대를 포함한 주력부대 약 300여 명은 포항여중으로 접근해왔다. 당시 포항여중은 국군 제3사단의 후방지휘소가 있었다. 하지만 전투병력은 부족해서 이들 북한군을 학도병 71명이 맞서야 했다. 네 차례의 걸친 북한군의 파상공격 결과 학도병 71명 중 48명이 전사하였고 행방불명자 4명, 포로 13명, 부상으로 인한 후송은 6명이었다. '어머님! 나는 사람을 죽였습니다.'로 시작하는 편지를 쓴 서울동성중학교 3학년 이우근 학도병도 포항여중 전투에서 전사하였다. 국군 제3사단장 김석원 장군은 학도병 시신 48구를 수습토록 하고 8월 14일 포항여중 전투 현장 인근에 가매장한 후 다음과 같은 표지를 세웠다. '여기 장렬히 싸우다 잠든 48구의 학도병이 있음. 후일 다시 찾을 때까지 누구도 손을 대지 말 것. – 국군 제3사단장 백-'

전쟁이 끝나고 1964년 대한학도의용군 동지회 주관하에

학도의용군전적비(1977)

국립현충원 국군묘지에 안장하였다가 1968년 4월 현 학도의용군 무명용사탑에 이장하여 잠들어 있다. 1977년 학교 정문 앞에는 이들의 넋을 기려 '학도의용군 6·25 전적비'가 건립되었다. 학산 아래 전적비에서 수도산 충혼탑은 600m 정도 남쪽으로 떨어져 있으며 철길숲으로 이어진다. 포항시는 이 길을 '호국문화의 길'이라고 이름 붙였다. 호국문화의 길은 계속해서 남쪽으로 철길숲을 따라 걸으면 이제 탑산에 다다른다.

최초의 호국조각공원, 탑산

포항 도심에 있는 탑산은 원래 죽림산이라고 불리다가 산 정상에 탑이 세워지면서 탑산이라고 불리게 되었다. 무슨 탑이 세워졌길래 산의 이름마저 바뀌어 부르게 되었을까. 포항은 6·25 전쟁 때 가장 치열한 전투가 벌어진 곳이었다. 또한 학도병의 희생 또한 가장 컸던 곳이 포항이었다. 전쟁이 끝나고 얼마 지나지 않은 1957년, 전국학도호국단의 성금으로 '전몰학도충혼탑'을 건립하게 된다. 당시 서울대학교 미술대 조소과 교수인 김종영 교수가 제작을 맡았다. 1957년 탑산에 만들어진 충혼탑이 예술작품으로서도 얼마나 가치가 있느냐는 그 충혼탑을 만든

전몰학도충혼탑(1957) ▶
(사진제공. 김종영 미술관)

김종영 교수 ▶
(사진제공. 김종영 미술관)

김종영 교수를 조금 알아야 이해가 쉬울 듯 하다. 김종영 교수는 어려서부터 집안 가풍으로 사대부 선비가 갖춰야 할 소양 교육을 받았다. 휘문고보를 졸업하고 동경미술학교 조각과로 유학을 떠난 김종영 교수는, 귀국 후 1948년부터 1980년 정년퇴임 때까지 32년간 서울대학교 미술대학 1세대 교수로서 후학을 지도하였다. 그는 '한국 추상 조각의 선구자'였다.

그런 그가 포항 탑산에 '전몰학도충혼탑'을 만든다. 그가 남긴 여러 작품 중에 공공기념조형물은 단 두 점만 있는데, 하나가 1963년 〈삼일독립선언기념탑〉이고 나머지 하나가 그보다 앞선 1957년에 만든 〈전몰학도충혼탑〉이다. 그는 물질적인 풍요로움보다는 정신적인 자유를 중시한 작가였다. 상업적인 예술을 좇지 않았다. 그런 그가 〈전몰학도충혼탑〉을 만든 이유는, 충혼탑이 젊은 학도의용군의 처절한 희생을 기리는 뜻도 숭고했거니와 당시 전국학도호국단의 십시일반 성금으로 제작되었기 때문이다. 그런 그의 귀한 작품을 포항에서 볼 수 있다는 건 고마운 일이다. 충혼탑 정면에는 천마상 부조가 있다. '구천을 종횡으로 달리는 천마의 모습은 호국의 신으로 산화한 학도병의 상징이 아닐 수 없다.' 그의 작품 메모에 남겨진 말이다.

하지만 국군 제3사단 군부대에서는 이 충혼탑이 일반 시민들에게 시사하는 바가 약하다고 생각했다. 김종영 교수의 충혼탑은 예술미에 입각해서 전통 탑을 제작하듯이 그렇게 추상적으로 만들어졌는 이유이다. 대개의 충혼탑이라고 하면 전투장면을 묘사한 그런 격렬한 동작이나 인상을 가진 군인을 같이 조각하는 게 일반적이었고, 군부대에서도 그런 걸 기대했었다. 그래서 1979년에 탑산에 새로이 충혼탑을 만들기로 논의가 되었다. 새로운 작품제작은 조각가 백문기 선생이 맡았다. 백문기 선생이 누구냐면 서울대학교 조각과 1회 졸업생으로 앞서 탑산에 충혼탑을 만든 김종영 교수의 1호 제자이다. 제작을 의뢰받은 백문기 선생은 스승이 만든 기존의 충혼탑을 허물 수가 없었다. 그래서 묘안을 생각해낸 것이 탑산 중턱에 새로이 부지를 만들고 그곳에 새로운 충혼탑을 세우기로 했다. 산 정상에 스승의 충혼탑을 그대로 둔 것은 물론이다.

어떤 모양으로 만들 것인가도 큰 고민이었다. 군부대의 요구대로 과장된 전투장면을 묘사하면 스승의 충혼탑이 더 죽어 보일 것 같기 때문이다. 백문기 선생은 두 명의 병사를 조각했다. 작품을 보면 이분이 인물 조각의 대가인 걸 알 수 있다. 한 명은 철모를 쓴 군인, 또 다른 한 명은 머리에 띠를 둘러맨 학도의용군이다. 두 명은 전투를 하는 것이 아니라 군인은 어깨에 총을 맨 자세이고 학도병은 총을 땅에 세워두고 두 손으로 잡고 있다. 그리고 군인의 한쪽 팔은 학도병의 어깨에 다정하게 올려두고 있다. 전투가 한창이라기보다는 오히려 전투가 끝난 후의 평화로운 상태이다. 군인과 학도병이 어쩌면 형제처럼 보이기도 한다. 따뜻한 형제애, 전우애, 나아가 나라를 사랑하는 국가애까지 보는 이로 하여금 느끼게 하는 걸작이다. 그렇게 탄생한 것이 1979년 탑산에 만들어진 '포항지구전적비'이다. 산 정상의 김종영 교수의 충혼탑과도 잘 어울리는 조형물이 되었다.

탑산은 6·25전쟁에서 희생한 학도의용군 1,394명을 비롯해 많은 군인들을 추모하는 대표적인 공간이면서도 각각의 충혼시설의 예술성이 뛰어나다. 두 작품 사이에는 조각가로서 스승과 제자 간의 배려, 존경의 이야기가 숨어있어 보는 이로 하여금 따뜻한 감동을 일으키게 한다.

2002년 우리나라에서 유일한 '학도의용군전승기념관'까지 건립되면서 탑산은 호국의 의미를 되새기는 산교육장으로 활용되고 있다.

포항지구전적비(1979). 산 정상에 있는 김종영 교수의 충혼탑과 잘 어울리는 조형물이 되었다.

포항학총서 1

포항의 문화유산 ⓒ이재원

발행일	2023년 2월 27일 초판 1쇄
발행처	포스텍 융합문명연구원
지은이	이재원
사진	김정호

펴낸곳	도서출판 나루
펴낸이	박종민
디자인	홍선우
등록번호	제504-2015-000014호
전화	054-255-3677
팩스	054-255-3678
주소	포항시 북구 우창동로 80
페이스북	www.facebook.com/narubooks

ISBN	979-11-978559-7-9 04090
	979-11-974538-6-1 04090 (set)

본 저서는 포스텍 융합문명연구원의 지원을 받아 연구되었음.
This book published here was supported by the POSTECH Research Institute for Convergence Civilization (RICC).